思想觀念的帶動者

文化現象的觀察者

本土經驗的整理者

生命故事的關懷者

心靈工坊 [PsyGarden]

GrowUp

愛的開顯就是恩典·
心的照顧就是成長；
親子攜手·同向生命的高處仰望·
愛必泉湧·心必富饒。

轉大人的辛苦

大人になることのむずかしさ

陪伴孩子走過成長的試煉

河合隼雄—著
河合俊雄—編
林詠純—譯

河合隼雄・孩子與幻想系列

目錄

「河合隼雄・孩子與幻想系列」發刊詞

河合俊雄

這一個系列收集了父親河合隼雄以「孩子」與「幻想」為主題所寫的書，作為「心理治療」系列的延續。

對於心理治療師河合隼雄來說，「孩子」當然是一個重要的主題。在蘇黎世取得榮格分析師的資格，於一九六五年回國之後，首先面對的就是不願上學的孩子們。其中一位少年所敍述的一個「肉的漩渦」的夢，促使他超越個別的母子關係，開始思考日本普遍的母性所具有的力量與破壞性。這也顯示了「孩子」這個主題的重要性與廣度。在這個系列的《孩子與惡》、《轉大人的辛苦》兩本書當中，河合隼雄針對他透過心理治療所看到的孩子問題，以及孩子存在的本質，作了深刻的思考。

不過，這個系列的另三本書《閱讀童書》、《閱讀幻想小說》、《故事與神祕》（書名皆為暫譯），主要的內容是河合隼雄對於被概稱為「兒童文學」的各種作品，所進行的閱讀與解釋。河合隼雄一再強調，所謂的兒童文學，不只是寫給兒童看的。兒童文學也適合大人閱讀，而且它遠比凝聚了複雜寫作技巧的文藝作品，更能夠碰觸到「靈魂的真實」。就像古老的諺語「七歲以前是神的孩子」所說的，孩子接近神，也接近靈魂。按照河合隼雄的說法，對孩子來說，現實的多層性以幻想小說的形式，比較容易展現其樣貌。「孩子清澈的目光，比大人渾濁的眼睛」更容易看到靈魂的真實。在這個意義下，所謂的「孩子」並不是一種對象，而是一種視點、一種主體。而河合隼雄在《閱讀童書》的導言〈為什麼要讀孩子的書？〉中關於該問題的說明——「閱讀童書，和心理治療中與個案的面談，有相通之處」，也就更具說服力。

從以上的描述我們不難看出，「孩子」對河合隼雄來說，確實是非常重要的主題。他有許多本書以「孩子」為標題，其他的著作也大多與孩子有關。在這個意義下，我認為「孩子與幻想」系列將這個主題下的數本著作集合在一起，以平易近人的文庫本[1]形式重新出版，意義重大。不過，有關這個主題非常重要的《孩子的宇宙》一書，因為已經以新書版[2]的形式出版，並沒有收錄在本系列之中。此外，系列中的《轉大人的辛苦》以及《青春的夢與遊戲》二書，除了孩子的主題之外，還探討了青年期的問題。

今年，我們即將迎接河合隼雄的七回忌[3]。希望本系列叢書的發行，能夠成為對故人的一種紀念。系列中的部份著作，當初並非由岩波書店發行初

1 譯註：文庫本是日本出版界通行的一種叢書規格，A6規格，大小約為148×105mm，多為平裝。售價低廉、攜帶方便，以普及為目的，故主要為經典名著、以及其他重要書籍的再版。（台灣心靈工坊出版的本系列中譯本，因應國人閱讀習慣，並未沿用文庫本規格。）

2 譯註：新書是日本出版界通行的另一種叢書規格，大小約為173×105mm。相對於文庫本，新書多半是新的著作。

3 譯註：七回忌是日本佛教傳統中，悼念往生者的重要法事之一，於歿後六年舉行。

版，有關這些部份版權的讓渡，非常感謝講談社的理解。此外，對於在百忙之中爽快地允諾為此系列撰寫解析的各位先進，以及為此系列的企畫、校訂付出許多心力的岩波書店的佐藤司先生，謹在此致上我衷心的感謝。

二〇一三年五月吉日

河合俊雄

（林暉鈞譯）

〔推薦序〕

辛苦是長大成人的必然之路

洪素珍／臺北教育大學心理與諮商學系副教授

作為日本第一位榮格分析師，河合隼雄在亞洲分析心理學界的地位不僅承先，且善用自身文化為文本，在日本文學、政治、宗教、教育、社會、親子等各領域，進行深度分析論述和對話，殊可為續後東方榮格研究的參考標竿。

《轉大人的辛苦：陪伴孩子走過成長的試煉》探討令家長頭痛的青少年成長議題。作者不譁眾取寵，未濫用心理學術語包裝、簡化出一本提供操作ABC的大眾親子書。取悅市場並非深度心理學的意旨，當然也不是河合先生的風格。他恪守榮格式分析的規範，如實照看心靈，尋求脈絡，而不給答案。事實上，不管是大人或小孩，作為一個實存於社會而獨立的人，唯一能確定的是，我們是生活在社會集體中的人類，必然受到一定的規範，但是，自然或社會卻無法給予個人標準答案，每個人都得在自己特殊的發展之路上獨行。本書以個體化架構談論青少年成長，既要分離，又得整合，是個痛苦、不確定性高的過程。從孩子蛻變為成人，必得經過充滿挫折的門檻，如由死亡到復活，成為全新的人。而陪伴於旁的家長，也同時走在另一條時而平行、時而交錯的個體化之路，其痛苦煎熬往往亦不下於兒女主角。河合先生論述道，當今社會缺乏明確的「成年禮」，也就是個體化歷程儀式，可能是問題關鍵之一。少了協助青少年過渡到成年的儀式，種種心理轉化歷程無法象徵性表達，只好在現實中活生生呈現。他們逃學、戀愛、自殺……，其實只想「轉大人」，而非故意讓大人痛苦煩惱。

不管在日本或其他文化中，許多都有「成人禮」傳統，象徵性地呈現個體化儀式。譬如有些原始部落以通過狩獵、單獨在野外過夜的方式，賦予孩子成年的資格；台南至今保有「做十六歲」的習俗，滿十六歲的男女跪伏穿過供桌及七娘媽亭，除了象徵受神明庇護，也有從今爾後必須負責、守禮的意義。成年禮儀式性地預演了過渡的痛苦、甚至驚恐，也設下了界限。但很可惜，在現代去宗教的脈絡下，成年禮已流於膚淺，難以撼動心靈。

甚而，在這個極力擴張「民主」，卻缺乏標準的時代，許多「專家」依循「政治正確」的原則，盲目鼓吹「跟孩子做朋友」、「尊重獨立自主」的論調。問題是，「民主」的論述與組合多元，從極右的主張完全自由競爭、主張政治機會平等、願賭服輸，到最左的認為不論賢愚、財產共享、牛驥同一皂、雞棲鳳凰食……，各種聲音都有。處於過渡時期的青少年，正處在「生理大人、心理小孩」的尷尬位置，彷彿迷失在「民主」囈語中，講責任時，主張自己是小孩；說到權利之際，卻要當大人。「永恆少年」原型上身，合情合理地無法無天，縱想自主，也不知如何獨立。這對他們毫無益處，甚至招來父母原型反噬。

河合先生舉了個例子，有個高中女孩發展了許多無涉感情的性關係，但她振振有詞：「許多夫妻不也沒有感情地做愛。」讓爸媽無言以對。當青少年認同了負向父母原型，講論「大人的理」時，有時確實難以反駁。河合先生與這個女孩會談時，也不苦口婆心了，直接了當便說：「這件事是錯的，就是不該做。」很有趣地，女孩也接受了。作為女孩的治療師，河合先生成功地呈現了正向的父母原型，設下界限，因而「矯正」了她。

然而，並非所有個案都可以用「一句話」解決問題，精神分析是潛意識交流的工作，而不是「講道理」。「教養」小孩也是如此，只有在彼此心靈得以交流時，才可能真正溝通。這也許不是奢談民主、做朋友、尊重、愛……這些高來高去的理性道理講得通的。

面對孩子的青春過渡，父母除了沒能力設下界限，令彼此漂流無垠苦海之外，還常見：「不知道如何放手？」「怎樣幫助他們分離？」的問題。此刻，處理父母情結，與實際和心理上的父母分離，是重要關鍵。

一個在心理上還對父母愛恨交加的青少年，往往在自戀與自卑間擺盪，身上同時顯現了希臘神話中的美少年納西瑟斯，以及德國文學家歌德筆下少年維特的意象。那種熾熱的愛的原型，過份地自戀或者不可自拔地戀人，一不小心就墮入自我毀滅的深淵。這兩種極端，可能和整合心靈裡的靈魂伴侶原型失敗有關，追根究底，又與擺脫不了父母情結有涉。

此外，個體化的問題實不止於個人層面，與文化亦有深度牽連。河合先生認為日本屬母性文化，人們難以真正長大成人，而長期處於依賴的狀態；西方社會則是父性文化，需徹底了解自己的能力和責任，故爾生活嚴峻。那麼，台灣的狀態為何呢？我認為，台灣的歷史經驗特殊，既受儒家母性文化傳統的影響，對孩子過度擔心與保護；同時又缺乏正面的政治神聖經驗，對父性權威既反抗又渴求。因此，很難直接套用日本或者西方經驗簡化分析。或許走出台灣親子個體化經驗，是我們正在嘗試與進行的道路。

這是本幫助思考的書，而非教養手冊。孩子要長大，父母也是。其論述是榮格心理學式的啟示，並非設下威權圭臬，讀者仍當保有主見，探索專屬自己的成長之道為尚。

第一章

青少年時期的挫折

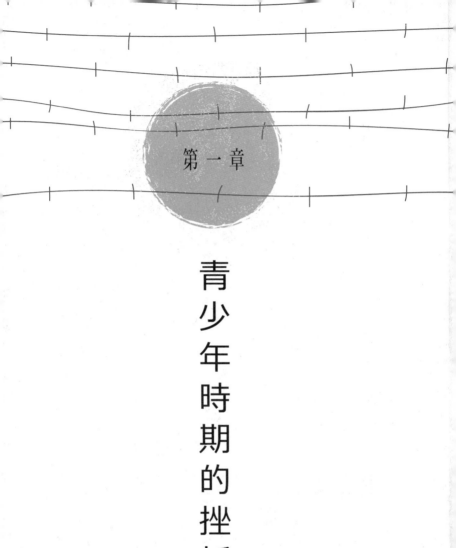

對現代社會的兒童來說，轉變成大人是一件很辛苦的事。辛苦的過渡期間中，有一段稱為青少年的時期。一位高中生忿忿不平地控訴，父母希望他做某件事（譬如幫父母做事）時，明明就說「你已經不是小孩子了」，可是當他們不希望自己做某件事（譬如騎機車）時，又說「因為你還不是大人」，話都由他們說。這或許是青少年最常見的不滿吧？然而站在大人的角度看，會這麼說，有時是覺得孩子已經高中了，應該稍微振作一點；有時又覺得他明明還是個孩子，這樣說大話會不會有問題。那麼，大人到底該如何對待處在這種尷尬時期的青少年呢？

本書設定的讀者群為父母、教師等大人，因此，大人該如何與懷著問題、遭遇挫折的青少年相處，將成為本書的課題。然而我撰寫這本書，是希望能夠站在了解青少年如何煩惱，而非大人該怎麼做才好的角度，因為如果對前者沒有深入的理解，就無法回應後者的疑問。本書並不是描寫大人該如何「對待」青少年的「操作手冊」，而是希望讀者和我一起思考日本青少年現今面對的問題。如果採取這樣的態度，我們在思考如何對待青少年時，就不會把自己當成一個完美的「大人」，而能夠察覺到，自己也必須面對「大人到底是什麼」、「自己到底是什麼樣的大人」等問題。本書的目的，就是希望各位懷著這樣的問題意識，和我一起思考「變成大人」這件事。

筆者身為心理治療師，見過許多經歷「挫折」的青少年，以及他們周遭的大人。本書為了方便讀者理解，將提出具體案例，只是基於職業上的保密義務，對案例內容做了一定程度的更動，在此事先聲明。再者，由於本書描述的是青少年時期的課題，因此探討的對象基本上是從高中生到大學生左右的青少年。有些人或許會覺得大學生已經是大人了，但書後也會提到，現在轉大人非常辛苦，將大學生當成青少年應該也不至於太不合理。

任何人在青少年時期都會遭遇各種「挫折」。或許可以說，沒有經歷「挫折」的人就不是青少年。我將透過具體案例，來說明我們應該如何看待這些「挫折」。

01 離家出走的高中生

有句話說「離家出走是變壞的開始」。事實上，離家出走確實是許多青少年誤入歧途的開始。很多青少年離家出走時，或許沒有懷著特別的犯意，但最後依然染上惡習。我們大人往往會認為，自己必須努力防止孩子離家出走，然而事情沒有那麼簡單。接著就讓我們參考實際案例，試著思考離家出走的問題。

模範生的離家出走

某天，一對中年夫婦來訪，有急事找我商量。我與這對夫婦初次見面，就覺得他們給人的感覺很好，也察覺到他們有相當的社會地位，但他們找我商量的事情，卻是讀高中的獨生子突然離家出走。他們夫婦完全沒有料想過這樣的事情，覺得相當震驚。

簡而言之，整件事情的經過如下。這對父母表示：「雖然自己這麼說很怪，但我們是熱心教育，也能體諒孩子的父母。」他們在鄰居與學校都獲得好評，甚至因此經常擔任家長會幹部；兒子從小就是模範生，不只會念書，品行也端正，對誰都很真誠，是令父母自傲的孩子。這樣的兒子突然離家出走，讓父母震驚到說不出話來，至今依然不敢相信。

他們說，身為父母必須反省的是，兒子原本書讀得很好，但從中學二年級左右成績開始稍微變差，還突然說想要加入空手道社，所以他們就跟兒子說：「等成績變好之後就可以加入喔！」兒子便放棄了。後來兒子的成績雖無法恢復原本的水準，但他們覺得學校成績沒有那麼重要，因此也沒有強迫孩子讀書，覺得只要孩子進入符合自己能力的大學，願意繼承家業就夠了。他們覺得品格比學校成績更重要，即使兒子的成績馬馬虎虎，但只要能夠在品行上成為模範生，他們就滿足了。這對父母強調他們不是強勢逼迫孩子出人頭地的父母，沒有強迫孩子念書，我從他們的話語中，也聽得出他們是真心這麼想。

這樣聽下來，這對父母真的是「很好」的父母，孩子也是「很好」的孩子。即使如此，還是發生了離家出走的事件。而他們還對我說：「這一定是因為我們對孩子做了什麼不好的事，只是自己沒有發現。」「我們在這裡說的話沒有任何隱瞞，希望老師可以直率地給我們忠告，告訴我們哪裡做不好。」

我聽了他們的話之後，指出下列兩個問題。首先是，他們或許太過單純地相信「孩子的錯就是父母的錯」。即使父母都很好，偶爾還是會發生孩子變壞的例子；就算父母與孩子都很好，也可能發生錯事。第二點則是，他們斷定「離家出走」是壞事，但離家出走真的那麼壞嗎？他們有試著想過離家出走到底是怎麼一回事嗎？他們聽到我指出的問題，似乎仍一頭霧水。關於第一點之後再探討，在此我們先試著和這對父母一起思考「離家出走」到底是怎麼一回事！

離家出走到底是怎麼一回事

「離家出走到底是怎麼一回事呢？」對於我提出的問題，這對父母絞盡了腦汁想不通，而我則告訴他們：「離家出走就是離家的意思」。雖然「離家出走」聽起來好像壞事，但「離家」聽起來卻沒有那麼壞。不僅如此，大家甚至還會覺得，人必須有離家的經驗才能真正獨立，不是嗎？

我們後來才知道，這個高中生其實是覺得，一直依賴家裡，會讓自己變得沒用。為了盡早獨立，他才決定離家出走。他懷抱著雄心壯志離家，希望放下對雙親的依賴，並在獨自進入社會且獨當一面時，把雙親接來享福。這聽起來很了不起，不是嗎？我們之所以無法全心全意讚嘆他了不起的志向，是因為這個雄心壯志缺乏現實做為後盾。我們大人，必須充分理解青少年行為所包含的正反兩個面相，不是嗎？如果我們受制於「離家出走等於變壞」的簡單公式，就會忽略這個高中生離家出走的意圖中所包含的正面意義，因而採取錯誤的反應，對吧？

話雖如此，如果我們在這樣的高中生表明離家出走的意志後，為他的雄心壯志所感動，進而幫助他，聽起來也很蠢。沒有現實做為後盾的雄心壯志，一定會遭遇挫折，如果連面對挫折的對策都沒有想好，就和他一起開心實行，終將造成難以挽回的錯誤。

我們很容易將事件以絕對的善或惡來論斷，並依此採取行動，然而，只有充分理解事件的善、惡這兩面，直接面對，事態才能逐漸明朗。這麼一想，應該就能了解，青少年犯下的「失誤」，含有意想不到的正面意義。我們在對各式各樣的事態做出單純的善惡判斷之前，必須深入思考其意義。唯有找出意義，才能決定我們的態度。

因為家中模範生突然「變壞」而驚慌失措的父母，藉由思考離家出走的意義，冷靜下來，並且可以漸漸從容地仔細思考該如何對待孩子。接下來，在說明這對父母採取的方式之前，我先試著從更一般化的角度，探討親子關係。

02 難以理解的孩子

前述離家出走的高中生後來順道拜訪親戚，親戚已從他父母口中得知他離家的消息，故對他加以勸阻。父母急忙趕往親戚住處見他，兒子卻把自己關在房間裡，不願意與父母見面，一向是模範生的孩子還對父母大吼：「一步都不准靠近這個房間！」父母聽到孩子這麼說之後，束手無策，前來找我商量。母親回想當時的辛酸，對我說：「現在，原本以為觸手可及的孩子，好像去到了不管我把手伸得多遠，都無法企及的另一個世界……」讓我印象深刻。原本這對父母以為生活在同一個世界的兒子，去到了另一個世界，親子之間隔了一道鴻溝。

然而，這真的是「鴻溝」嗎？親子之間的繫絆比想像中要堅韌，不是那麼簡單就能切斷。即使本人以為「斷開」了，也仍以意想不到的形式扭曲、糾纏。筆者認為，我們在輕易說出「親子間的鴻溝」或是「世代間的鴻溝」之前，必須試著再作稍微縝密的思考。

我從一位中學男孩的母親口中聽到這件事。兒子難得找媽媽一起去看電影，因此她欣然前往。兩人開心地邊走邊聊，但在途中，兒子突然不再說話，到了電影院也要求分開坐，各看各的。她雖然答應了兒子的要求，卻無法理解兒子為什麼突然不高興，是不是發生了什麼奇怪的事情，這讓她焦慮到無法好好看電影。但回家後，兒子的心情出乎意料好，因此到了晚上，她試著詢問兒子為什麼態度丕變，兒子說，他在前往電影院的途中，遇到了討厭的同學，而且發現他們也要去看電影。他怕以後會被嘲笑「都讀中學了，還跟媽媽黏在一起」，所以突然遠離母親。

中學左右的孩子常會發生這樣的事情。和母親一起行動固然很開心，但另一方面，也想對周遭的人展現出一點都不在意母親的樣子。他們有時候也不知道該如何表現才好，因此會像這個例子中的男孩態度丕變，嚇到母親。就這個例子而言，母親事後試著向兒子詢問原由是好事，詢問也恰到時候。藉由這樣的確認，能夠理解兒子的心情，以免自己因為一點小事就以為兒子討厭自己，或是因為不了解兒子的心情而變得悲觀，導致日後親子關係愈來愈疏離。

除了這點之外，總之，這位母親有一段時間真的覺得自己孩子的行為「難以理解」。對於那位離家出走的青少年的母親，這樣的感覺恐怕更強烈吧？以最近愈來愈多的家庭暴力為例，對這些母親來說，孩子的行為應該可以用「難以理解」一語道盡。我們臨床心理工作者常聽到這些母親質問：「我家孩子是不是瘋了？」因為她們覺得，兒子好像住在「另一個星球」。

我之後會再對孩子為了成長為何不得不離開母親加以詳述。他們在某種意義上，確實必須暫時住在「另一個星球」。以父母的主觀體驗而言，或許會覺得斷絕了親子間的繫絆，像是親子斷絕關係一樣，但如果雙方再稍微努力一下，仔細觀察，就會知道這一時的鴻溝，可能是為了改變彼此之間繫絆的性質。從離家出走的高中生之例，我們可以看到這點，我之後會再稍微具體一點說明，為何透過切斷與修復的不斷重覆，反而能使親子間的繫絆變得比以前更深刻。如果父母過度繫絆子女，往往會使雙方的關係成為限制對方自由的工具。深刻的繫絆，是給予對方自由的同時，也相信彼此仍然能夠相互依靠。但是，我們為了讓親子關係變得更深刻，必須經歷將其切斷的悲傷體驗，並且努力超越暫時的悲傷。

修復切斷的繫絆說起來簡單，實行起來卻很困難。即使想要修復，如同先前提到的，兒子已經去到「難以企及的世界」、「其他的世界」，因此也經常讓父母感到無力——為什麼對孩子會突然那麼難以理解呢？

父母的世界．孩子的世界

每個人都擁有可稱得上「世界觀」的想法。「世界觀」聽起來有點誇張，但所謂的世界觀，就是我們看待這個世界的方式。以本書開頭提到的父母為例，對他們來說，孩子只要乖乖遵循雙親的意志，就是好孩子，這樣的好孩子保證能夠擁有幸福的將來；他們所謂的幸福，就是繼承家業，過著安穩的家庭生活。但仔細想想，這其實只是「世界觀」的一種，關於孩子、關於幸福，應該也存在著其他「觀點」，不是嗎？我們總覺得自己看待事物的方式理所當然，然而，看待事物的方式往往出乎意料，因人而異，對吧？

孩子也擁有世界觀。但他們的世界觀將隨著成長而大幅改變。大人擁有自己相對穩定的世界觀，但相對來說，孩子在轉變成大人時，則需要耗費許多力氣才能逐漸形成「自己的」世界觀。孩子在長大的過程中，一開始或多或少接受了自己周遭的大人——主要是父母——的世界觀，但這樣的世界觀在從兒童轉變為成人的青少年時期，開始大幅動搖，一向穩定的觀念逐漸搖擺、瓦解，形成新的觀念。這時，孩子容易放大對於既有觀念的否定感。

因此，孩子在轉變成大人時，會突然看見養育、守護自己至今的父母的否定面，而且這個否定面會像電影特寫一般逐漸放大。或者應該說，孩子看到的身影不是現實中的父母，而是自己心目中的父母形象。

人類心中，存在著超越現實之父親、母親的「超個人形象」，或許應該稱之為「父性原型」、「母性原型」。即使是我們大人，有時也會覺得自己可以為所欲為，但有時又自覺犯下不可原諒的錯誤，這時在我們心中發生作用的，不就是超越個人父母的，更偉大、更嚴峻的形象嗎？這種心中的形象，呼應著我們的現實體驗，並為這些體驗帶來各種強化。舉例來說，在我們脆弱時，會覺得稍微親切一點的女性就如同慈母；相反的，只是稍微遭受一點斥責，就會覺得對方彷彿惡魔。

青少年面對世界觀經歷顯著變動的時期，因此也強烈受到內在形象影響，這時必須特別注意的是母性原型的形象，這個形象可以單純地分為肯定與否定兩個方面。肯定方面的形象如同慈母觀音，無論如何都會接納、養育孩子；但否定方面的形象則彷彿山中魔女，抓住孩子不放的力量太強，限制了孩子的自由，極端的時候甚至會將孩子吞沒。如同先前所述，孩子愈來愈傾向獨立時，便更容易將父母壞的一面放大，如果再加上這裡描述的內在形象作用，孩子看見的父母形象將與現實產生相當的差異。

舉例來說，站在母親的角度看，只是「好心地」提醒孩子今天看似會下雨，最好帶傘出門，但聽在孩子耳裡，就會覺得母親是控制、監視自己行動的「煩人傢伙」。這時如果內在形象強烈作用，母親看起來甚至就像會將自己吞沒的魔女。在家庭暴力的案例中常會聽到母親報告，自己明明只是做一些普通的事情，卻遭孩子暴力相向，但這樣的事情，如果依照上述邏輯思考就能理解。

若以前面提到的離家出走的高中生為例，就父母或一般大人的眼光來看，他生長在雙親熱心教育、體諒孩子的幸福家庭，但就他的眼光來看，卻覺得這個家庭是限制自己自由的牢籠，所以他想要逃離。我們大人必須充分理解，孩子眼中的世界與父母的世界有所差異，不然的話，大人可能會覺得搞不懂孩子，將他推開，有時甚至會想把精神病等標籤貼在他身上。

03 父母的反省

讓我們回到一開始提到的例子。上一節說明了稍微一般性的思考方式，我為了讓這對父母理解他們離家出走的兒子，而對他們說明了這個觀念。由於這對父母的理解力非常好，所以他們完全了解我的話，也提出了許多應該自我反省的事。（附帶一提，我原本就判斷他們是這種理解力較好的人，才會試著向他們說明原委，如果情況不然，則多半必須等待很長一段時間，才能出現父母能夠理解我們的「時機」。）接下來，我將試著稍微說明父母的反省，以及之後的發展。

怎麼樣才是好孩子

這對父母首先反省的是，怎麼樣才是「好孩子」。當大人稱讚一個孩子是「好孩子」的時候，這孩子通常給人聽從父母與師長教誨的印象，說得更極端一點，就是「配合大人的孩子」，但是，這反而會妨礙孩子長成有自主性與責任感的大人吧？真正的好孩子，必須培養自己本身的判斷力。

這件事說起來簡單，實際執行起來卻相當困難。孩子為了培養判斷力，在某種程度上必須根據自己的判斷行動，透過自己的經驗，來確定這個判斷是否正確。人類畢竟多半只能透過經驗學習，為了擁有深刻的智慧，必須經歷與之相符的痛苦。以這個案例中的高中生來說，他因為順從父母，被貼上「模範生」的標籤——雖然被貼上「不良少年」的標籤很痛苦，但「模範生」的標籤也出乎意料地令人困擾——而在回應這個標籤的同時，他的自主性變得無法發展。他或許因為心中的某種自主性遭到壓抑，才導致中學時代的成績退步。當他說「我想學空手道」時，不就代表他自主性的嫩芽好不容易衝出表面嗎？但他的父母卻若無其事地將這個嫩芽摘除。父母受到「好孩子」、「幸福」的短淺眼光束縛，一點也不希望讓孩子接觸危險的事物。

最後，孩子被壓抑的自主性終於爆發，以離家出走的形式表現出來。當長年遭到壓抑的事物浮出表面時，無論如何都會採取危險性較大的形式。父母雖然不樂見這種情形，但反過來說，也應該高興孩子使出了這麼大的力氣去掙脫束縛。「好孩子」必須從某處打破「好孩子」的外殼，才能成為真正的好孩子。他的父母發現了這點，並開始反省。

惡的作用

孩子為了獲得自主性，有時會不惜反抗父母的教誨，試著採取行動。孩子只有嘗試這麼做，才能親身體會到父母所說的事情究竟是正確的，還是將使他陷入深沉的悔恨。孩子衝撞現實的同時，也在培養他的自主性。如果沒有經過這種循序漸進的「練習」，在壓抑的自主性突然浮出表面時，就會採取偏離現實的形式，譬如企圖透過離家出走，使自己能夠獨當一面。換言之，孩子為了成為真正的好孩子，必須體驗適當的惡。話雖如此，大人也不需要「鼓勵孩子做壞事」。壞事就是壞事，我們還是需要禁止，但同時也適度保障孩子的自由，讓他們透過自己的力量，「自然地」好好完成分辨善惡這個困難的課題。

然而我們必須有所自覺，近年來這裡所說的「自然而然」變得愈來愈難。從前的大人拼命想要禁止孩子做壞事，但孩子數量多，父母也都很忙，無法那麼緊密地監視孩子，孩子自然擁有適當的自由，能夠體驗適度的惡，但是，現代人孩子一般生得少，母親從事的家務也變少，雙親對孩子的期待度變得更高，大人對孩子的監視在不知不覺間變得緊密，孩子逐漸失去「自然而然」去分辨善惡的優勢。可想而知，最近這種可說是「人工好孩子」的好孩子，已變得愈來愈多。

說明到此，我想各位都能理解，大人完全不需要鼓勵孩子做壞事，但必須給予他們內在自由度，做壞事的可能性也包含在內，在這同時，對他們予以信賴。這麼做通常伴隨著危險性，因此父母或許會覺得這很難，但父母如果能夠了解，即使試著打造出人工的好孩子，最後他們還是會反彈，反而可能遭遇更強烈的危險，那麼，就能忍耐孩子小小的「惡」吧！

想要養育出「好孩子」的父母，看似拼命為孩子著想，但內心多半隱藏著害怕自己碰到麻煩的自私。這對父母也反省了這點，他們說，原本以為自己是為孩子著想，才努力將他教育成好孩子，但事實上，心中也懷著如果孩子走在自己鋪好的路上，自己就隨時都能安心的想法。這段話讓我印象深刻。這對父母很了不起，他們一察覺這點，就立刻趕往孩子身邊，針對上述內容說出自己的反省，並保證給予兒子比以前更多的自由，尊重他的自主性。原本生氣的兒子聽到父母這麼說也很開心，願意回到家裡了。

對話

但事情沒有單純到接下來就一切順利。儘管這個高中生放棄離家出走，回到原本的高中生活，他在家中的態度改變了，不再是以前那樣的「好孩子」。不僅如此，和以前相比，他不但幾乎不再念書，還整天賴在床上。父母對這樣的狀態忍無可忍，但因為之前保證給予「自主性」，也不能隨意斥責他。煩惱的父母，再次前來找我商量。

這是常有的事情。因為先前把孩子綁得太緊而失敗，所以接下來改採放任主義，但即使這麼想，孩子的發展仍不如所願。面對孩子時，是要斥責他才好，還是不斥責才他好；是要管理才好，還是放任才好，像這樣二選一的單純討論，沒有什麼意義。如果這麼簡單就能找出「好方法」，那每個人都會那麼做吧？我們看到，即使身為教育學或心理學的專家，在面對自己的孩子時，依然煩惱不已，或許就能知道世上並不存在任何人都適用的「好方法」。

尊重孩子的自主性，就是尊重父母的自主性。如果父母認為孩子的態度惡劣，就必須將這件事情告訴孩子。但這並不是像從前那樣，是因為父母絕對正確，孩子必須絕對服從，而是因為，雖然父母不想奪去孩子的自由，但孩子總是這麼懶散，會讓父母也很困擾。這麼一來，父母不是單方面強迫孩子接受自己的觀念，而是賭上自己的人格直接面對孩子，無論是出於自己先前教育方式的反省，或是逐漸意識到對給不給孩子自由的兩難，該說的事情還是必須說出口。

這位父親再次與我商量，並因此察覺這點，他下定決心面對兒子，試著坦然說出自己的心情。結果出乎意料，兒子聽他這麼說，不僅露出開心的表情，還說出令人意想不到的話。孩子說，父親雖然答應尊重兒子的自由，但自從給予兒子這樣的保證之後，就變得心浮氣躁，愈來愈常因為一些小事責罵母親。這代表，父親只是表面上好像尊重兒子的自由，實際上內心依然無法接受。父親聽了這段話，嚇了一跳，感嘆原本以為還是小孩的兒子，竟然如此仔細觀察父親，並精確地將他的觀察表達出來。

父親雖然有點生氣，但也很開心，因為他感覺到兒子竟然長這麼大了。父親於是也坦誠表達意見，父母與兒子之間終於能夠互相討論想法。這時，兒子的行動變得比以前更自主，父母也不會因此出現不安。

家人之間的對話、大人與孩子的對話只要具有深刻的意義，就會帶著某種對決的意味。因為只說些無關痛癢的話是無法改變任何事情的。這樣的對決有下列特徵：並非為了贏過對方，而是為了彼此的成長；擺出對決的姿態時，面對的不只是對方，也是自己的內心。最後的部分雖然無法詳述，但這場對話事實上不僅為兒子帶來成長，也為父母帶來成長。

04 挫折的意義

我想各位看了前述的例子之後可以理解，兒子的離家出走，對父母雖是一種「挫折」，但無論對孩子本人或父母來說，卻也是成長的契機。的確，很多情況讓人忍不住想說，挫折是邁向飛躍性成長的過程。但這麼說的人只是少數，仍有人認為挫折就是損失。前面舉出的離家出走例子，實在輕微到幾乎稱不上是挫折，我們臨床心理工作者，甚至遇過需要好幾年才能克服挫折的案例。

然而即使是這樣的案例，如果能夠看見圍繞著挫折的現象全貌，「挫折的意義」多半可以清楚地顯現出來。因此，我打算根據過去豐富的經驗，為大家闡述挫折的意義。但是在探討其意義之前，先讓我們來看看青少年到底會遭遇那些挫折吧！

各式各樣的挫折

孩子變成大人的過程存在著各式各樣的挫折。這些挫折呈現出來的種種，被歸類為反社會（antisocial）行為、非社會（unsocial）行為，但也可能是生病、失敗或者意外。而有些時候，不管他們怎麼檢討，都覺得自己沒有錯，那麼為什麼會發生這種事情呢？只能說是命運吧。關於這些挫折我無法詳細說明，大致先綜觀來看。

竊盜、傷害有時甚至嚴重到殺人的反社會行為，較常出現在青少年期的前半。青少年為了突破現狀，創造出新的事物，導致心中產生的破壞傾向無法內化，而是直接外顯出來。但這方面的控制力會隨著年齡增強，到了青少年期的後半時期，破壞的行動理所當然會減少。這個時期的青少年，雖然心理尚未成熟，但在法律上已是成年人了，假使在此階段發生反社會行為，會變得愈來愈難處理。或可以說，他所面對的課題相當嚴重吧！

對於沒有出現反社會行為的人來說，挫折可能以非社會性的精神官能症等形式呈現，下一章會陳述這樣的例子。青少年確實有各式各樣精神官能症的困擾，這些症狀有時只是暫時的，很快就會消失，但有的也會持續相當長的一段時間。或許我們應該說，在青少年時期經歷某種程度的暫時性精神官能症，是相當普遍的，這時如果周遭的人大驚小怪，反而可能將問題擴大。然而即使症狀類似，也有輕重之分，須仰賴專家判斷。

男性做出反社會行為的比例遠比女性高。此外，一般而言，女性較常在青少年前期發生嚴重的精神官能症，男性則較常在後期發生。用最簡單的方式來分，男性在轉變成大人時採取「主動」的形式，女性則採取「被動」的形式。就女性的情況來說，這樣的「被動」與身體的變化，同樣都屬於青少年前期必須面對的事情，至於男性反而必須等到青少年後期，才開始面對「主動」爭取職業與配偶的課題，體驗轉大人的感覺。因此，女性較容易在青少年前期、男性較容易在青少年後期發生伴隨成長而來的挫折。當然，這是極為粗略的概分法。

再者，挫折也可能以身體疾病的方式發生。雖然肺結核隨著現代醫學的進步幾乎消失，但在過去，青少年的肺結核問題極為嚴重，許多有為青年都因此喪失性命。然而另一方面，也有很多人藉由疾病的體驗，產生深刻的內省，將之當成邁向成人世界的重要一步。大家往往將疾病斷定為「身體」問題，但疾病與一個人的整體生活方式之間，具有出乎意料的密切關係。我們或許可以更深入去思考疾病的意義。

各式各樣的失敗與事故，都成為孩子在長大過程中遭遇的挫折。考試、求職、戀愛的失敗，在這些挫折當中尤其嚴重，這些失敗與前面提到的精神官能症與疾病有關，甚至無法斷定孰為因、孰為果。或許有時候，完全只能歸咎於「運氣不佳」。

提出問題

如先所述，孩子在轉變成大人時，會經歷各式各樣的挫折。但如同離家出走的高中生的案例所示，這些挫折的背後還有其他問題，因此不只是單純的發生挫折、解決挫折，而是有更嚴重的問題必須徹底解決。而且這些問題不只是本人的問題，多半也是周遭大人的問題。甚至還會讓人覺得，不只父母與教師有問題，一般社會大眾也有問題。極端來說，我們甚至可以想成，家庭、社會、文化等的問題，藉由一名青少年浮現而出。前面描述的雖然是一名離家出走的高中生的案例，但這不也是日本許多現代家庭共通的問題嗎？我們愈是深入思考，愈難置身事外。

從這個角度來看人類成長的過程，我甚至想主張，青少年的挫折有必然性，或者說是必要性。我認為，人類的成長必然會遭遇挫折，從表面上來看，確實有人在成長過程中看似沒有遇過任何挫折，但如果仔細確認，會發現他們其實都經歷過相應的挫折。這些挫折或許是因為內化了，點點滴滴持續一段時間，只是別人看不到而已。我因為職業的關係，經常聽到許多人的祕密，因此愈發堅信，即使那些看似沒有經歷什麼辛苦就轉大人的人，經過我深入談話之後，也多半不是這麼一回事。

有些大人雖然自己是過來人，知道青少年一定會有挫折，然而對於自己的孩子，就會因為過於希望他盡可能不要經歷挫折，而奪去孩子好不容易能夠「長大」的機會。又或者，孩子所經歷的挫折，明明其實是在對父母提出重要問題，有些父母卻依然責備孩子、怪罪教師、感嘆社會現狀，不去面對孩子好不容易提出的問題。這麼一來，孩子無法走出挫折，也是理所當然的。

我希望各位能夠充分了解，提出問題的挫折，不一定只會發生在「壞孩子」或「壞父母」之間。即使是父母與孩子都相安無事的家庭，也必須藉由青少年提出的新問題，來讓自己變得更好。面對孩子的挫折時，思考其意義，遠比思考到底誰對誰錯來得有建設性。

尋找意義

某位大學生把自己關在宿舍裡，既不上學也不外出。一旦發生這樣的事情，大人就立刻想找出原因。這時他們會著急，無論如何都想盡早解決問題，所以往往會草率地找出因果關係，把「孩子的意志力太過薄弱」當成原因而斥責孩子，或者把「大學教師對學生太過冷淡」當成原因而怪罪教師。但另一方面，大學教師或許也會認為「父母過度保護才是原因」而攻擊父母。尋找原因經常會變成「尋找壞人」，而大人動不動就會把自己以外的人當成壞人，彼此互相攻擊，或者一起責備孩子，但問題卻一直無法解決。

這時候，如果詢問大家「這個學生把自己關在宿舍裡有什麼意義」（應該無法這麼簡單就找到答案），可以把所有人從急著找出壞人的態度中解放出來，也能夠使大家不要把這件事情當成必須盡快解決的麻煩事，而轉換觀點，接受從中找出某種正面意義的可能性。這樣的思考方式有建設性多了。企圖找出因果關係的態度，往往會讓人只把眼光擺在過去，攻擊存在於過去的惡，這麼做多半只會悔恨交加，削弱了積極向前的力量。採取尋找意義的態度，反而能把眼光放在未來，連結到如何從那裡站起來的建設性想法。

人類非常喜歡透過因果關係來看事情，這種思考模式容易讓自己置身事外，站在安全地帶批評別人，因此很難跳脱問題。相對的，如果以尋找意義的態度來看事情，就會在不知不覺間發現自己不再是局外人了，「意義」具有將周遭許多事物連結在一起的作用。因果關係是線性的——而且經常不符合事實——只是把一件事與另一件事連結起來，就結束了。但意義不是只把兩件事情以直線相連，也在許多事物之間建立關係，使這些事物形成一個整體。

把自己關在宿舍裡的大學生的父母，如果從其中意義去思考，或許會認為這是親子關係面臨改變的警訊；大學教師或許站在更廣泛的角度，從日本青年確立自我認同這點找出意義，甚至思考到他們本身的自我認同。這些意義的線條彼此牽連，所有人都能從中探索活著的意義，這個學生也能藉此找出人生方向吧！

但年紀愈小的青少年，愈難意識到這裡所說的「提出問題」或「找出意義」，他們多半只能陷入挫折，不知所措。我們即使要求這些青少年「找出意義」，他們也不知該如何著手。我們大人只能安慰他們、幫助他們、鼓勵他們，首先讓他們實際上重新站起來。但即使我們貫徹這樣的實際幫助，只要能夠採取試圖找出意義的態度，青少年就不會覺得自己被單純地當成壞人，或是遭到輕視，這麼一來，他們就能感受到自己內心似乎擁有某種正面意義，不再為無用的悔恨所惱，能夠盡早重新站起來。

第二章

轉變成大人

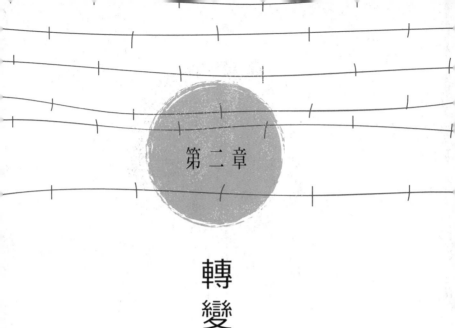

上一章提到了長大成人前遭遇的各種挫折，甚至強調這是轉大人的必經之路，到底是為什麼呢？我想再稍微試著從不同的角度探討這件事。

未開化的社會中，兒童與大人的區別很明確，因為兒童在變成大人之前，必須經過成年禮（initiation）這種儀式。前面已提過，兒童與大人的界線在現代社會中極為模糊，青少年屬於哪一邊並不明確，也因此產生各種社會上的混亂。到底是什麼原因，使得現在的大人、或是成為大人的定義，變得如此不明確呢？我也試著思考過，接下來，先舉出一個容易理解的例子來說明。

01 患有對人恐懼症的大學生

想要退學

A同學是大學一年級的學生。雖然學期末將近，他卻憂鬱得不得了，也一直缺席沒上課。A同學之所以不去學校，是因為他莫名地害怕出現在人前。害怕雖然不是一個精確的形容，但也只能先這麼說。他在人群裡時，該說是不安，還是無法冷靜呢？總而言之，就是沒辦法安心地待在人群裡。尤其是當其他同學和他說話時，他不知道該如何回答，覺得不管自己說什麼，聽起來都不知所云，使話題無法持續下去。他甚至覺得，這樣的自己似乎會成為同學的笑柄。事實上，A同學在高中三年級時也曾因陷入同樣的狀態而不去上學。當時父親只覺得A同學懶惰，所以發火叫他去學校，但A同學說什麼也不肯出門。不僅如此，他也無法好好說明自己的狀態。他覺得丟臉，不想對任何人說。

A同學別無他法，只好在高中三年級時向導師申請退學。這位導師是個好心人，覺得A同學退學損失太大，費盡唇舌說服其他老師，想辦法讓他過關，A同學好不容易畢業了，且勉強考上報考的大學。他懷著「在大學真的要加油了」的想法入學，但讀大學遠比想像中嚴苛，他高中時的症狀捲土重來。父親再次覺得兒子發懶，一味地斥責他，A同學則完全不知道該怎麼辦。這所大學也採取導師制度，所以他向導師提出退學申請。他會想到要申請退學，追根究柢，還是和高中時期的經驗有關，因為他內心巴望，認為大學導師說不定也會在期末考將近時給他什麼恩惠。然而，大學導師聽到A同學的退學申請，竟欣然答應了。這位老師主張，無心念書的人應該早點離開大學比較好。如意算盤被打壞的A同學感到很懊惱，他採取了什麼樣的行動呢？這點容後再述，在此先簡單說明一下對人的恐懼症。

對人恐懼症

這裡提到的A同學雖然症狀輕微，依然稱得上是對人恐懼症。這是一種精神官能症，患者在與他人共處時，會產生強烈的不安與緊張感，擔心自己是否帶給他人不快，或是遭到他人輕視，光是待在那裡就難以忍受。因此他們會盡可能迴避人際關係，嚴重時甚至無法外出。一般來說，這樣的患者置身於家人、尤其是親近的人當中時，或者相反地，置身於完全不認識的人當中時，不會有強烈不安的感受。他們害怕的是同學、鄰居以及親戚等等。嚴重時，他們甚至堅信自己眼神尖銳，將帶給他人災難，或是自己有奇怪的體臭（實際上並沒有），所以遭到他人厭惡。

學者指出，與歐美人相比，罹患這種精神官能症的日本人特別多，之後也會再提到，就比較文化的觀點來看，這也是值得關注的症狀。事實上，很多日本人在青少年時期，都曾在極短暫的期間內有過這樣的體驗。一般說來，他們「在意他人的視線」，覺得自己莫名的笨拙，或是從前明明沒有任何問題，到了青少年時期卻突然羞於與親戚見面，也想避免見到鄰居。我想即使是「普通人」，也有很多在青少年時期有過這樣的經驗。

如果前述的對人緊張感太強烈，無法在人前說話，總是把自己關在房裡，而且狀況持續好幾年，那麼就明顯罹患了對人恐懼症這種精神官能症。但即使是這樣的人，在成為大人之後自然痊癒的也很多，由此可知，這種精神官能症與青少年時期的精神狀態有關。A同學的症狀沒有嚴重到精神官能症的程度，在某種程度上應該只是偶發的輕微症狀。

死的決意

A同學去找導師，多少是想要博取同情，但導師卻完全出乎意料地爽快同意他的退學申請。他不想立刻回家，在外面到處亂晃，回到家時已很晚了，父親與母親卻只是盯著他看，沒有問他去了哪裡。A同學覺得自己完全像被全世界的人遺棄。他在自己房間裡想了很多，想不到什麼好的解決辦法，如果退學的話，父親會要求自己立刻去工作吧？但現在這樣的狀態，說什麼也無法在人前工作。這麼一來，父母絕對不願照顧自己。他甚至覺得，父母應該會將自己趕出家門。他也憎恨大學的導師，覺得導師彷彿是在慶幸成績差的學生越少越好，而導師看著自己時，似乎也打從心底徹底輕蔑他。A同學愈想愈覺得前途一片黑暗，因此決定自殺。他討厭上吊，所以打算吞安眠藥。雖然很晚了，但他覺得藥局應該還開著，便決定出門買藥。父母在他準備出門時應該已經睡著了，但母親卻醒過來，問他：「這麼晚了要去哪裡？」他回答母親，說沒什麼事，並回到自己房間，但想法卻突然改變了。

自殺的想法一下子變得很愚蠢。自己怎麼能夠只因為被那樣的老師看不起就自殺呢？於是，A同學想要從當下開始拼命念書，讓那個冷淡的老師與父親刮目相看。念頭一動，他腦中就湧現出一股難以形容的怒氣，因而反覆大罵「混帳！」眼前浮現不斷毆打老師與父親頭部的情景，感受到無可遏止的亢奮。A同學在不知不覺間漸漸搞不清楚自己到底是在對誰生氣，或是在氣什麼了。他腦中接二連三浮現各種妄想，最後，A同學幻想自己終於在期末考得到滿分，導師低頭認錯，想著想著進入夢鄉。

隔天A同學開始用功念書。雖然出現在人前還是很痛苦，但他依然去了學校，也出席了導師的課。他雖然沒辦法像幻想中那樣對導師怒吼，但在不久之後，他告訴導師自己打算撤回退學申請，也願意接受考試。出乎A同學意料的是，導師不似當初那麼冷淡，不僅很高興A同學中止退學，也跟A同學說：「因為你一直缺席，可能會有不懂的地方，請盡量提問。」A同學有一種像是揚著拳頭打空氣般的奇妙感受，卻不會覺得不舒服。不可思議的是，就連父親的態度也改變了。原本總是說「像你這樣的懶惰鬼，沒有資格上大學」的父親，開始關心A同學的功課，還問他「什麼時候考試」。A同學當然無法獲得滿分，讓老師低頭認錯，但總算是熬過了期末考，不僅如此，他想要讓老師與父親刮目相看的心情、或是想要毆打他們頭部的心情，完全消失了。與此同時，A同學的對人的緊張感也不知不覺變淡了。

這個例子中的對人恐懼症，與其說是精神官能症，還不如說可能是一般學生常有的經驗，只是以稍微激烈一點的形式展現出來。即便基本模式相同，精神官能症的人需要更多時間與努力才能克服，治療者也必須更仔細地照料才行。我希望各位讀了這個例子之後，不要草率地認為應該建議精神官能症的人退學。此外，A同學高中的導師可不是個好心人嗎？A同學先在高中時體驗到溫暖，之後才遭遇嚴峻對待，剛好讓他能夠順利轉變。因為如果A同學的高中導師冷淡地逼他退學，他或許就會經歷真正的挫折也不一定。

這點先另當別論，筆者認為A同學所經歷的，就是一度想要尋死，之後再重新站起的經驗，這對於成為大人來說是必要的。未開發社會的成年禮，就是將轉大人的過程當成社會制度執行。接下來，就讓我們簡單來看未開發社會的成年禮如何進行。

02 成年禮

在未開化社會中，成年禮儀式是不可或缺的。稍後也會提到，近代社會的特徵就是不再舉行成年禮的儀式。而我們之所以必須承受前述那些青少年時期的問題，也可說是因為我們過於不了解成年禮的意義。有些人會將「initiation」翻譯成「通過儀式」，在未開化社會中，這是讓某個體成長，從一個階段邁入下一個階段的儀式。宗教學家伊利亞德（Mircea Eliade）在他的著作《生與重生：通過儀式的宗教意義》（*Birth and Rebirth, Harper*, 1958）中，針對通過儀式進行了詳細的探討。他提到：「『通過儀式』這個名詞最廣義的解釋，是一種禮儀兼口頭教育，其目的是使參加者的宗教地位或社會地位完成決定性的改變。用哲學方式來說，通過儀式等同於存在條件的根本性改變。」換句話說，某個人參加了通過儀式後，會彷彿改頭換面，變成

「另一個人」。伊利亞德將通過儀式分成三種類型，第一種是少年轉變為成人的儀式，也就是成年禮、或加入部族的儀式；第二種是為了加入特定的祕儀團體、結社團體所舉行的儀式；第三種較為神祕，是成為未開化宗教的巫醫或薩滿的儀式。其中我們感興趣的是成年禮，接下來將對此進行說明。首先說明男性的成年禮，接著再說明女性的成年禮。

男性成年禮

伊利亞德提到，未開化社會舉行的男性成年禮，一般來說由下列要素組成：

一、準備一個「聖地」。他們會準備一個不同於俗世的神聖場所，將男性隔離在那裡，度過舉行儀式的這段期間。

二、將修練者（novice）帶離母親。或者更一般的情況是帶離所有女性。

三、修練者在被隔離的場所學習部族與宗教的傳承。

四、接受某種手術，或是試煉。譬如割禮、拔牙，或是在皮膚上留下傷痕、拔除毛髮等等。

修練者在這段期間，必須極力忍受疼痛。而修練者在通過儀式的期間，多半必須遵守各式各樣的禁忌與試煉。

接下來，我將針對上述的四項要素進行簡單說明，各個部族、社會都有自己詳細的規則與方法，在實際執行儀式時如實地實施。在此雖然無法對其詳細說明，但這時進行的每一個行為都有象徵意味，賦予從兒童轉變為大人的過程必要且深刻的宗教意義。

首先是關於準備「聖地」。「聖地」不只代表不同於俗世的場所，也具有重現「創世之神」創造世界時的同一個場所或空間的意義。為了實現通過儀式原本的意義，這個社會的成員必須相信他們居住的世界完全是由「創世之神」所創造的。他們策畫這個儀式的目的，是為了讓兒童進入這個已完成的世界。因此，修練者能夠在這個「聖地」重新體驗「萬物開始的神聖時刻」，在那裡與神話人物交流，進入那個世界。

接著，將修練者「帶離母親」很重要。所有的孩子在此之前都在母親的庇護下生活，對成長中的兒童來說，像這樣與母親緊密連結，在成為大人之前是必要的，但在成為大人時，則不得不將與母親的連結斷開。這個步驟多半進行地極為激烈，他們將與母親分離的儀式，當成「死亡」體驗來理解。舉例來說，伊利亞德指出「以絕大多數的澳洲部族為例，族內的母親都知道自己的兒子將被恐怖、神祕、聲音聽起來就像牛吼器（木製吼板，也就是透過轉動發出聲音的木片）一樣令人嚇破膽的不知名之神殺死吃掉。」她們的孩子就像這樣被神殺死，接著神再以成人的面貌將他們復生。孩子在與母親分離時體驗了「死亡」，成為新的大人重生。

第三，是學習宗教的傳承，這個步驟也稱為「拜見祖先」。修練者在這個步驟中回到開天闢地之初，與祖先或原始之神接觸，學習部族代代相傳的宗教傳承。一般認為，修練者透過像這樣重現創造的手法，不只學習符合大人身分的傳承，他們居住的世界也藉此更新。

第四個要素，試煉，可說是通過儀式不可缺少的步驟。或許是割禮，或許是敲斷門牙，總之修練者都被要求忍耐這些疼痛。

此外，修練者有時也被要求遵守斷食、沉默、遮蔽視覺等許多禁忌。這些肉體試煉全都具有精神上的意義，修練者透過對試煉的耐受，展現出符合大人身分的精神力與意志力。

未開化社會透過以上介紹的簡單方法舉行成年禮，使孩子轉變成大人。我們必須了解到，修練者的宗教地位及社會地位，將藉由儀式產生決定性的變化，如同伊利亞德所說的，進行了「存在條件的根本性改變」。在這樣的社會中，兒童與大人的界線分明。兒童通過成年禮這種嚴酷的儀式，成為符合社會成員身分的大人，就像完全變成「另一個人」一樣。他們成為具備大人的自覺與責任感的人。

女性成年禮

文化人類學家雖然仔細調查了男性成年禮，對於女性成年禮卻沒有太多研究。我想這與伊利亞德提到的女性成年禮的特徵有關。他舉出的特徵有下列三點：「第一，古老的文化層雖然也記錄了女性成年禮，但其分布不像男性成年禮那樣廣泛；第二，女性成年禮不像男性成年禮那麼發達；第三，女性成年禮屬於個人儀式。」

女性成年禮隨著月經初潮展開，因此不像男性那樣集體進行，而是以個人方式進行。女性在初潮時，或是出現初潮徵兆時，即被隔離在社會之外，必且和男性一樣，學習性事與豐饒的祕儀及部族的習俗等，或是學習女性也允許知道的宗教傳承。接著，女性從隔離場所回到部族，在公眾面前現身，以成年女性的身分為部族所接納。有些部族也會在這時舉行各式各樣的祭禮，譬如集體舞會，或是由這位剛成年的女性到村內的家家戶戶拜訪接受餽贈。

女性成年禮之所以不像男性成年禮那樣廣泛舉行，或是沒有那麼發達，原因可能如下：女性可透過初潮這種自然的祕儀成年，因此不需要像男性那樣舉行人為儀式。有些部族甚至認為，女性的成年禮始於初潮，結束於初生兒的誕生，而如果將初潮、懷孕、生產這種自然賦予的祕儀當成宗教體驗，也很難轉換成男性儀式。我們或許可以這麼想，伊利亞德提到女性成年禮的研究不像男性成年禮那麼詳細，也是因為女性成年禮的本質並非透過學者的「研究」即可化為明確的言語。

伊利亞德這樣描述男性成年禮與女性成年禮的特徵：「男性與女性不同，男性在成年禮的訓練期間，被要求感知『看不見』的實存，並學習不明確的、也就是無法透過直接經驗取得的神聖歷史……對少年來說，成年禮就是進入非表面的世界——精靈與文化的世界——的儀式。相反的，對少女來說，女性成年禮表面上包含了一連串與自然現象——性成熟的表徵——的祕儀有關的啟示。」換句話說，對女性而言，成年禮可透過「表面上的自然現象」進行，但相對的，男性無法依賴這樣的自然現象，所以必須透過感知

「看不見」的實存來進行成年禮，因此需要各種人為的儀式。這是現代人在思考青少年與青少女轉變成大人的差異時，必須考慮的要點。

總而言之，在未開化的社會中，男孩也好、女孩也好，都能透過成年禮的儀式明確轉變成為大人，因此不存在「轉大人的辛苦」。或者應該說，若孩子無法撐過那時的試煉，就是試煉失敗，因此不存在半吊子的大人。但我不會因為這樣，就主張現在也應該恢復成年禮的儀式。因為如同下一節所述，近代社會的世界觀已經具備不再需要成年禮的特徵。這到底是為什麼呢？而失去成年禮儀式的我們，又該如何成為大人呢？我試著針對這幾點，進行以下探討。

03 現代的成年禮

近代社會的特徵

我在前面介紹過伊利亞德的著作《生與重生》，他在這本著作的開頭提到：「近代世界的特色之一，就是消滅了具有深刻意義的成年禮儀式。」這到底是為什麼呢？這是因為近代人的世界觀在根本上變得與過去不同。前面已經稍微提過，為了讓成年禮的儀式成立，這個社會必須要是完全的傳承社會。極端來說，古代社會中的一切，都是在初始之時（創世之初）建立的，這個社會（世界）已經完成，「取得進入這個世界的許可」是之後出生的人最重要的事情。因此成年禮做為讓孩子成為大人、進入那個世界的儀式，具有決定性的意義。換句話說，那個世界中不存在「進步」的概念。在他們眼中，世界是完成的、封閉的，兒童變成大人，就是取得進入那個世界的許可（圖1）。

相對的，近代社會的樣貌則如圖2的圖解所示。具有社會進步的概念，並試圖在這個歷史性的進步趨勢中找到自己的定位，可說是近代人的特徵。若以極端簡化的圖解來表現，即使兒童a被允許以大人的身分進入A的世界，只要在社會進步成B的時候，a自己沒有跟著改變，還是會像兒童一樣，被排除於社會B之外。又或者兒童c即使正準備成為大人進入社會C，他也已達到和社會B的大人相同的程度了。

兒童在古代社會中，可透過成年禮成為明確的大人，並從此安心，但對於開始考慮社會進步的近代人來說，這樣的

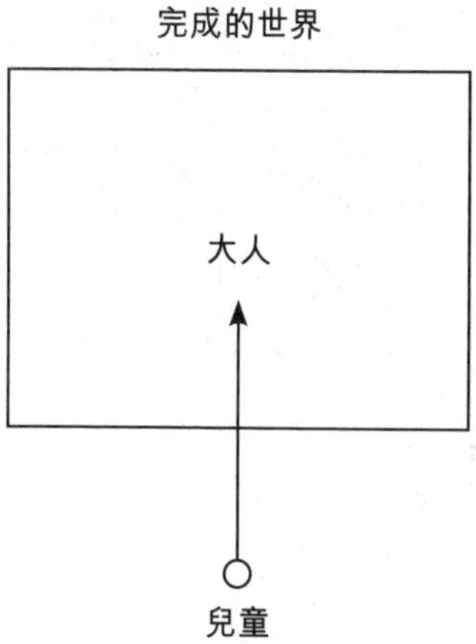

圖1　古代社會的結構

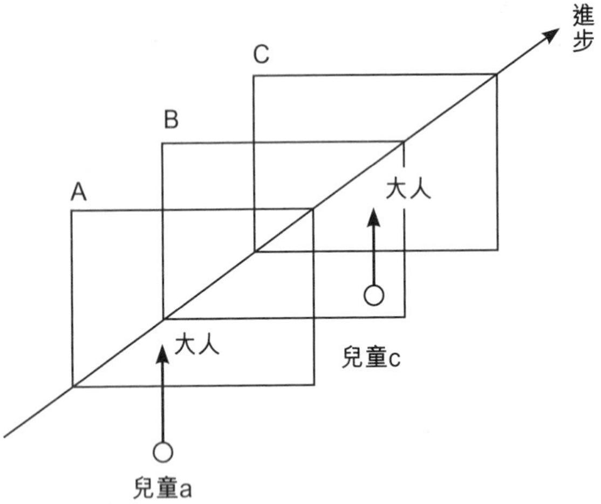

圖2　現代社會的結構

成年禮儀式已如前所述，不再具有意義。即使兒童a在社會A當中成為大人，如果社會A進化成社會B，但他沒有跟著改變，也無法再被當成大人。

這裡雖然以極簡單的圖解表示，但社會的進步並不像圖解那麼單純，因此在近代社會中，理所當然地，會愈來愈常看到某個個體既不像兒童也不像大人的情況。那麼，對於生活在近代之後的我們來說，該如何思考、看待長大成人這件事呢？

個人的儀式

制度化的成年禮儀式在近代社會中已消失。但如果仔細觀察個人的生活方式，就能發現，對現代的每一個人來說，自己身上都會發生稱得上是成年禮儀式的事件。請各位試著以前述的對人恐懼症的大學生為例來思考。這位大學生因為大學老師贊成他退學而決定自殺，但他最後改變想法，覺得還是應該再努力看看，這個過程就可說是他個人的成年禮體驗吧！雖然不像未開化社會中的修練者所體驗的「存在條件的根本性改變」，但也可說是某種「死與重生」的經驗，因此這對他個人來說，是一種成年禮的儀式。

只要考慮到社會進步，尊重每個人的個性，我們就不可能執行制度化的集體成年禮。雖然現代也姑且存在著「成年禮」，但我們不得不承認，現代成年禮展現出的本質，已與前述的成年禮儀式不同。每個人的成年禮，都以自己意想不到的形式展現出來。只不過，孩子本人與周遭的人，都沒有發現這難得出現的成年禮儀式，多半將其當成愚蠢的事情，或不幸的事情，而苦撐過去。

以本書開始時所舉的離家出走的高中生為例，他的「離家出走」，不也是成年禮儀式的起始嗎？他的雙親在當時前來找筆者商量，並掌握其「意義」，使之後的發展能夠成為符合成年禮的過程。如果當時父母沒有掌握他離家出走的意義，親子之間後來也沒有經過一些努力，有可能會演變成高中模範生因為離家出走而誤入歧途的事件也不一定。現代的成年禮，總是伴隨著相當的危險性。

各位也必須知道，現代成年禮的特徵之一，就是多半不會一次就結束。雖然現代也可能發生只經歷一次，就相當於「存在條件的根本性改變」的事情——這時發生的都是如字面上所示賭上性命的事件——但一般較妥當的想法，還是認為相當於成年禮的狀況會不斷反覆，使兒童逐漸轉變成為大人。以本書一開始提到的高中生為例，他不可能只因為那一次離家出走的體驗，就變成「大人」吧？我想他恐怕必須重複經歷類似的體驗，才有辦法「長大」。指導、幫助孩子的人，尤其應該充分了解到，反覆這樣的體驗有其必要。否則，若指導者對於成年禮只是一知半解，在接觸孩子時過度期待他發生一下子就能「獨當一面」的改變，將會導致失敗。

現代社會與未開化社會相比，各個方面都較為複雜，我們人類的意識也不再那麼單純。我們雖配合這樣的變化，樂在社會的複雜裡，但正因為如此，兒童也不是那麼簡單就能變成大人。然而，我們卻完全放棄了在未開化社會舉行的，經過大量人工安排的儀式，因此現代的成年禮需要一定程度的反覆，也可說是理所當然的了。

權威的意義

權威者的存在對於成年禮的儀式來說不可或缺，他們在修練者體驗死與重生時，扮演給予修練者「死亡」，並幫助他們重生的角色。話雖如此，更嚴謹來說，見證成年禮的長老，就以原始之神的仲介者，或是以代理者、絕對權威者的身分存在。換句話說，他們的權威背後，存在著原始之神這個絕對者。

現代的成年禮也需要存在權威者。但是，關於權威者該以何種形式存在，必須要有相當深入的思考。因為現代人不可能那麼簡單就相信「原始之神」的存在，所以權威的問題變得難解。

「權威」在現代，尤其是日本，是一個評價不太好的名詞。握有權威的人，期待藉由宣稱自己沒有任何權威，與任何人都是平等的來博取人氣。但以本篇一開始提到的大學生為例，請各位試著回想一下，正因為他的大學老師成為權威者，明確宣告不想念書的人最好不要來上學——儘管這麼說也有危險——才能在最後帶來良好的效果。對這位大學生來說，如果他總是接觸所謂「善解人意」的老師，他就會以模糊的形式，拖拖拉拉的體驗讓他轉變成大人的成年禮儀式吧！

在此，希望各位讀者不要認為，筆者在教師、父母對於應該對孩子寬厚或是嚴格的二選一議題上，支持後者。真正權威的存在，是超越了寬厚才好、還是嚴格才好這種單純的二分法思考的。這裡所指出的，並非哪種方式對孩子有幫助或沒幫助，而是該有的東西就要有。

前面提到，「權威」在近來是個不太受好評的名詞，但是就筆者以心理治療師、教師的身分接觸許多年輕人的經驗來說，我幾乎可以斷定，年輕人不會反抗真正的權威。他們對於真權威與假權威之間的差別極為敏銳，並且會對後者展現相當程度的抗拒。真的權威與假的權威的差別，或許在於權威的根源與權威展現者的存在有多大的關連吧！若其權威必須仰賴地位、名聲、金錢等來展現，就是假的權威。只有將所有會因環境變化而消失的權威全部消去，最後依然保留下來的，才是真正的權威。

04 死與重生

前面提到，在成年禮的儀式中，必須發生「死與重生」的過程，但在將「進步」當成必要的現代，不只修練者，父母也必須體驗死與重生。換句話說，父母儘管一度成為大人，卻不能總是高枕無憂，他們本身有時也必須體驗劇烈的改變。

弒親

兒童為了成為大人，首先必須與母親分離。在未開化的社會中，可透過成年禮儀式來集體進行這個步驟，但在現代，每個人都必須獨自進行。這個步驟以孩子弒親這個象徵性的形式表現出來。當然，這裡刻意強調「象徵性」，不是真的要弒親。

有一位父親，從事祖先傳承下來的傳統糕點製作工作。對他來說，兒子繼承這個光榮的工作乃天經地義。而事實上，兒子從小就對父親的工作感興趣，當父親描述糕點製作的難處時，他也興致勃勃地側耳傾聽。但是兒子到了考大學時，卻突然說要進法學院，以後當個官員。父親嚇了一跳，怒斥兒子「你在胡說八道些什麼」。但是，兒子的說法也是有道理的，甚至應該說，父親聽了兒子的說法之後，反而說不出話來。兒子指出，父親開口閉口都是稅率太高、政治險惡，那麼與其一邊抱怨一邊做糕點，不如努力去改變日本的政治或是政府機關制度，這不是更好嗎？父親雖然把這個「代代相傳的工作」說得多了不起，但最後還不是整天抱怨稅金、官員統治之類的事情。他認為，父親其實不覺得自己的工作有多光榮吧？父親完全說不過兒子，最後雖然不情願，卻只能贊成兒子去考法學院。

這是典型的「弒父」案例。當父親斷定兒子會走在自己鋪好的路上時，兒子不僅宣告自己有自己的路要走，甚至正面批評父親的生活方式。

危險性

這裡提到的這種「弑父」，在現代的日本可說是隨處都在發生吧！對孩子的成長來說，象徵性地弑親是必要的，但這件事進行方式，卻會導致極為重要的差異。

譬如前述案例中的那位兒子，考進了法學院，但他開始上課後，才發現法學的功課出乎意料地困難、無趣。而父親也是，明明因兒子不願意繼承家業而感到很落寞，卻說不出口，反而抱著賭氣似的心情，宣稱要讓大女婿繼承這家店。兒子對讀書愈來愈沒興趣，在不斷地留級之下，最後把自己關在宿舍裡，什麼事也不做。像這樣的故事發展屢見不鮮，為何如此呢？

無論「殺親」，或從父母觀點來看的「殺子」，再怎麼是個象徵性的動作，都還是會理所當然地伴隨著相當的風險。所有好事都伴隨著風險。孩子要成為大人，是非常辛苦的事。當孩子走在現成的路上成為大人（雖然是不是真正的大人也是個問題）時，不至於發生什麼特別的危險，但只要孩子試圖以個人的身分成為個性完整的大人，就必須經歷某種「殘殺」。這時極為重要的是，為了讓他的行動有意義，必須將這時的「死亡」連結到重生。

我再試著透過前面的例子說明重生之路。父親聽到兒子的批評，或許會氣得大吼：「隨便你」；兒子或許也會吼回去：「誰要去做那種爛糕點！」如此以真實的情緒碰撞，或許也是家人關係的特徵。但是，如果父親在這之後心想：「沒想到兒子也變得這麼可靠了」，並且反省：「我在孩子面前太過放鬆，抱怨太多事情」，就代表重生之路已然開啟。兒子也一樣，雖然進了法學院，或許也會覺得：「老爸最近看起來似乎很落寞啊！」無論是親子之間上演互相殘殺的戲碼時，發現彼此的關係依然無法斬斷，或是因察覺對方的心情而努力革新關係，都可說是「愛」吧！儘管「死亡」造訪得突然，重生之路卻多半漫長。重生需要相當長的時間，迂迴曲折，而一起走過這段漫長、辛苦道路的不是別人，正是看似在互相殘殺的當事者本人，而這當中存在著家人間的愛。

象徵性地實現「弒親」或「殺子」時，其爆發的能量將導致事態嚴重，甚至可能演變成實際的殺人事件，這是眾所皆知的事實。我們必須充分了解到，兒童在「成為大人」的過程中，經常存在著重大的風險。

雖然說是「弒親」、「殺子」，但其意義屬於象徵性的，因此不一定每次都在有血緣關係的親子之間實行。也可能在老師與學生、上司與部下、前輩與後輩等之間發生。因此各位必須知道，老師也好、上司也好，只要打算認真指導年輕人，就存在著「被殺」的風險。馬虎的態度不僅無法成功，有時甚至只會對彼此造成極難復原的傷害。教師與指導者必須知道，只有讓年輕人殺了自己，才是真正的指導。話雖如此，輕易就被年輕人殺死也沒有意義，有時也必須給予年輕人死亡，無論如何，彼此之間都必須真刀實槍的對決。

自立與孤立

現在很多人都知道，為了讓孩子成為大人，必須讓孩子與父母分離。但是，關於這點總有可能讓人產生重大誤解。很多人都太過重視「分離」，結果對於隨後必須建立的兩者關係欠缺考慮。以前面提到的做糕點的父子為例，假設兒子在法學院積極學習，畢業之後逐漸出人頭地，變得愈來愈了不起，但他與父親之間的關係卻愈來愈淡，這種情況下，我們能說這個兒子是個「自立」的人嗎？兒子再也不去見父親，因為「變得了不起」的自己，覺得身為糕點師傅的兒子很丟臉，最後只在父親去世時參加葬禮。這樣的人，我們不能說他是個已經「自立」的人。

筆者自己也在年輕時，領悟到自己對於自立的誤解。二十多年前，我在瑞士留學時，對當地人頻繁的親子交流感到驚訝。我當初對於自立的見解相當膚淺，只是因為歐洲人遠比日本人自立，就推測歐洲人的親子交流應該遠比日本人少，但事實完全相反。即使親子分開生活，還是經常打電話聊天，如果拿到什麼稀奇的東西也會互相寄送。剛開始我因為推測錯誤而驚訝，但很快地就了解到，正因為他們自立，所以才會經常交流。順著這樣的邏輯想下來，很多日本人就是因為沒有自立，才把自己孤立起來，害怕建立關係。自立與孤立雖然看似相似，卻是截然不同的概念。

真正離開父母自立的孩子，在與父母往來時，應該能夠把自己當成一個自立的人。至於脫離父母，自己任性過活的孩子，反而應該說他們戒不掉對父母撒嬌，認為父母允許他們這麼做。但如同之後也會提到的（參考一三一頁），筆者並不覺得西方的模式就絕對是好的，也無意透過與西方的單純比較來貶低日本，筆者只是認為，我們如果希望「自立」，就必須試著深入思考「自立」真正的意思是什麼？是否與孤立混為一談？日本的孩子，經常將孤立誤以為是自立。

第三章

身體與心靈

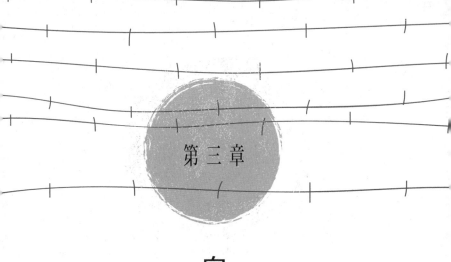

身體與心靈的問題，幾乎可說是人類永遠的謎團。雖然我們姑且將兩者分開思考，但從經驗可知，兩者是互有關聯的。人在身體狀況不好、生病的時候，會變得脆弱、思考失去邏輯；而另一方面，如果心情鬱悶，身體動作會變得遲鈍，也會食慾不振。身體與心靈彼此影響，但如果罹患稍後會提到的身心症等疾病，我們就無法輕易掌握兩者之間應有的關聯。

轉大人之際，難以控制性慾是一大問題。精神分析的創始者佛洛伊德對人類性慾的重視，是眾所皆知的。關於這點，榮格曾經思考過，佛洛伊德明認為人類的基本欲求還有食欲與睡眠欲等等，為什麼會特別重視性慾呢？他推斷，相對於更偏向生理欲求的食欲與睡眠欲，性慾既是生理欲求也是心靈欲求，所以顯得特別重要。性慾將身體與心靈結合在一起，因此具有深刻的意義。榮格或許是深深地暗示，「性」從天堂到地獄都存在，既連結到至高的善，也連結到無窮的惡。

兒童在轉變成大人時，必須明確地接受自己的身體是「我」的一部分。孩子只有接納自己身體各種無法自我控制的機制，才能長大成人。本篇的主題不是所謂的身體發育，而是想要試著從人　如何把身體當成自己的一部分活下去的角度，探討身體的問題。

01 與異性的交往

找到異性伴侶是成為大人的條件之一。筆者雖然不認為這是成為大人「絕對」的必要條件，但一般而言，還是可以把結婚成家、撫養孩子當做長大成人的條件之一來考量。因此，孩子必須學習與異性相處，這時候不僅會有心靈交流，也會發生身體接觸，使情況變得更加困難。而且，性的倫理觀到了現代急遽變化，大人逐漸不知道對性觀念要自信到何種程度，因此大幅增加了指導的難度。在此舉出一例子讓大家思考。

「不純潔的異性交往」

超過二十歲的青少年，在法律上就是成年人了，無論擁有何種異性關係，都不會被當成什麼罪過。但未成年的不良行為中，有一種被稱為是「不純潔的異性交往」，仔細想想，會覺得這個名稱很奇妙，然而脫離常軌的未成年異性關係，經常被當成不良行為之一。以下例子是：

有一位女高中生，家庭經濟狀況中上，雙親健在，就旁人眼光來看，她沒有任何不如意，中學時在班上排名前段，怎麼看都是優秀的學生，但升上高中後她的異性關係突然變得混亂，開始與許多不特定的對象發生性關係。導師因此把她叫來，想要輔導她，她卻抗議，不知道自己做錯了什麼。她遵循自己的意志享樂，對方也欣然接受，沒有人因此受苦，為什麼這樣是錯的呢？這個學生很聰明，提出相當尖銳的問題，讓導師有點招架不住，她繼續追問，為什麼自己的行為是「不純潔的異性交往」呢？請老師說明不純潔的理由。彼此相愛的人發生性關係，理所當然，她認為這麼做沒有任何不純潔。不純潔的反而應該是大人，「明明彼此不相愛，只因為是夫妻就發生性關係，這樣才是不純潔吧？」她頭頭是道，導師也被她堵得回不出話來。

她所說的確實有些道理，尤其最後那段話，甚至可說是對於許多現代日本夫妻一針見血的批判。這位難纏的女高中生於是被帶到筆者這裡來。我仔細聽了許多她的說詞後，嚴肅地說：「妳做的事情是錯的，必須停止。這不是哪裡有錯的問題，這件事情有錯，不需要理由，所以不能做。」幸運的是，她聽從了我毫無道理的指示。我的指示完全沒有邏輯，但以如此尖銳的理論挑起舌戰的她，卻乾脆地照做了。

當然，這裡介紹的是一個順利解決的例子，我沒有要各位把這個例子當成對所有不純潔的異性交往都適用的「良好輔導」。也有些孩子或許會對這種說法一笑置之的。話說回來，我之所以會這麼說，應該是因為這位高中生展現出她所具備的自我療癒能力吧！被輔導的一方「時機」成熟，是輔導「順利進行」的必要條件。

這點先另當別論，我們再試著繼續由這個例子對異性交往進行更深入的思考。

身體接觸

人類在這個世上誕生、成長時，首先最重要的是，在新生兒到嬰兒期之間必須充分體驗可稱之為「母子一體感」的情感。這時的母子一體感不一定要發生在嬰兒與生母之間，也可發生在嬰兒與適當的母親代理人之間，而任何人都能成為這位代理人。人類以這樣的一體感為基礎而成長。這種包含在母愛之內的感情，可透過名符其實的肌膚之親取得，並以一種非理性的情感形式存在。之後，隨著孩子從嬰兒期發展到幼兒期，與母親之間的身體接觸雖然減少，但家庭整體而言，必須具備將孩子保護在內以免受外界侵襲的氣氛，以支撐孩子的發育。這就是兒童發育所必需的基本安全感。

人類在青春期到青年期之間急速成長，這時對基本安全感的需求，也達到與嬰幼兒時期不同的層次。這樣的需求無法從家庭內得到滿足，便無論如何必須轉往他處尋求，而且這個需求的層次會使心理退化，對「身體接觸」的慾求增強，而另一方面，這時的生理逐漸變得成熟，因此會發展成不挑對象的性關係。他們雖然在這樣的行動中，體驗到一時的快感與安心，但同時也會品嘗到深刻的孤獨感與悲哀感。多數情況下，以極端攻擊的姿態向大人辯護自己的行為，是他們的一種自我防禦，目的是為了避免自己領悟到後者的關心。

如同筆者先前所述，我對那位女高中生說「你做的事情有錯，不需要理由」，而她也接受，是因為她最後認同了我毫無道理的關心。她已經感受到自己的行為有某種難以接受的部分，如果我這時再嘮嘮叨叨地說這樣的行為不好，反而會讓她更加生氣而想要反抗。她真正追求的，是一種與親子之間的身體接觸同樣重要、與理論無關的、關心她的情感。對此，我看似毫無道理的言論，反而打動了她的心靈。

對性的忌憚

現代人的性關係的確較為解放進步，變得相當自由，但也產生不少副面面的現象。我們臨床心理工作者感覺，因為陽痿而前來諮商的青年男子變多了，他們即使結了婚也無法發生性關係，所以來找我們諮商。

有人認為，就心理層面而言，男性之所以無法與異性發生性關係，是因為他們在心理上沒有與母親分離。前面已提過，人類從嬰兒長大成人的過程，就性心理學的觀點來看，這可說是一種從母子一體、母子近親相姦的狀態，演變成孩子與母親分離、個體化、能與異性發生性關係的過程。了解這點的人，看到現在青年男子陽痿增加的現象，會立刻斷定這是因為近年來很多年輕人沒有完成母子分離的步驟，但事情沒有那麼簡單。筆者認為，所謂的母子分離或異性關係，也包含了各式各樣的層面。

讓孩子了解母親與自己是不同的個體，是母子分離的一個重要階段。而孩子到青春期時反抗母親、主張與母親不同的意見，也是重要的階段。但這裡所謂的母親，在心理上其實已超越了個人層次的母親，且被放大成「母性原型」這個更普遍的存在，因此，即使孩子獨自生活在這個社會當中，如果只是跟著他人的腳步、聽從他人的指示活下去，就廣義來說也是沒有完成母子分離。換句話說，自己所屬的團體成為接納自己的母性原型，因此只需要遵循團體方式生活，不需要發揮自己的個性。所以孩子即使進入婚姻生活，也只是因為大家都結婚、大家都有性經驗，結婚或性經驗，是「母性原型」的延伸，也就是被家庭或村子同化所產生的行為，就某種意義來說，母子沒有完全分離。每個人的母子分離階段的狀態，會因為對性的理解，譬如對婚姻或異性的理解而改變。

在此舉出一個例子來說明。某位有陽痿困擾的青年，因為在蜜月旅行時不舉而前來找我諮商。他覺得不可思議的是，自己曾與新婚妻子以外的女性發生過好幾次性關係，當時完全沒有問題。我和他聊過之後立刻就懂了，他與過往女性的關係，與面對新婚的妻子，態度變不同了，而他沒有明確意識到這點。

說起來，他的個性粗枝大葉，與女性接觸也是基於衝動，婚前的性關係都建立在這個層次上。但是，由於他的相親對象剛好是個美女，他從她身上感受了至今未曾體驗過的體貼與溫柔，甚至覺得對方高不可攀。各位或許覺得，就算相親對象稍微漂亮一點，也不至於產生這麼誇張的感覺吧！但這種想法對於像他這樣的男性來說很常見，因為他們至今未曾對女性興起過這樣的情感，因此出乎意料地經常發生不舉的狀況。

蜜月旅行時，他當然充滿喜悅，但他的身體與心靈已在無意中兩相乖離，他愈是焦急，發生性關係時愈不順利。人類性行為的不可思議之處就在於，光靠意志力是什麼事也做不了的。如果只是與女性肉體相交，他至今為止已有過豐富的經驗，但現在要他身、心同時與對方結合，卻不管怎樣都無法順利。性關係的層次愈高，發生時就包含了愈多的挑戰；相反的，層次愈低，就愈接近單純的肉體關係，這樣的關係沒有什麼特別的難處，所有動物都能進行。以這位青年的情況來說，他雖然能夠完成動物層次的性行為，或者雖然能夠粗魯地與女性發生關係，但只要這個關係觸碰到心靈，或包含了溫柔的成分，他就不知道該如何與女性相處才好。

關於這樣的例子有兩點值得考量。首先第一點是，與從前相比，現代男女的存在方式正逐漸改變，青年男女不知道該如何與彼此相處，性關係出乎意料地伴隨著困難。第二點是關於這個例子方面，應該珍惜自古以來年輕人對性的忌憚。人會強烈感受到性的強大衝動——尤其是男性——因此聽到對性的忌憚或許會覺得奇怪。但是，我們正因為存在著能夠抵銷強大衝動的忌憚，才能透過兩者之間的微妙平衡，順利控制自己的行為。或許有人會覺得，這樣的發言聽起來不入時了，但我覺得這意外地符合實情。關於第一點，現在的周刊雜誌等經常報導的性資訊，應該說都偏重於性所帶來的生理快感，因此會讓人陷入強烈壓抑這樣的快感是「落後時代」的錯覺。而另一方面，如同前面提到的，男女之間的心理關係逐漸產生變化，男性將女性視為比以前更加對等的存在，並在不知不覺間強化將女性視為精神性存在的態度。他們將女性當成精神性的存在，給予至高的評價，同時又希望與女性發生肉體關係，人生在世，這是必然存在的矛盾，因此難以輕易達成交合。

想要實現這樣的希望，還是需要相當的緩衝期間，必要苦惱之存在，使人類獲得磨練。而正當年輕人陷入無法輕易發生性關係的苦惱，他們一方面因為生理需求，受到意志難以抑壓的性衝動，但另一方面，又懷著與生俱來的某種性忌憚，因此陷入兩難。這樣的兩相制衡是必要的，儘管如此，現代卻對性解放做出膚淺的解釋，使年輕人的觀念傾向於性關係一點也不可怕，想盡早擁有性經驗，使青少年時期的性的問題，變得越來越難解。

前面提到性，包含了許多矛盾，即使對性關係有所忌憚，也必須在一定程度上將忌憚消去，因為忌憚太深，確實令人困擾。但就現代趨勢而言，蔑視對性忌憚的傾向過於強烈，使青少年勉強壓抑與生俱來的忌憚，擅自斷定對性的忌憚是可笑的，也有很多人因此而失敗，或是讓問題擴大。動物也會發生性關係，因此這件事情本身既沒什麼大不了，也不值得驕傲。只不過，人類背負了許多文化因素，並且在這樣的情形下發生性關係，因此改變了性關係的狀態。我和一些認為性沒什麼——實際上，他們給我一種莫名勉強的感覺——並且擁有豐富性經驗的年輕人見面聊過之後，多半會產生一個疑問，那就是他們到底有過多少在真正意義上的性的「體驗」呢？性解放這個名詞，很容易變成人類被「性」的力量隨意操控，與人類的性方面獲得自由的意義相去甚遠。不如應該說，我們必須了解到，只有接受並珍重保持自己對性忌憚的心情，等待適當時機到來，理想中的性關係自然就會開花結果。

如同前面提過的，對性的忌憚背後，也確實存在著伴隨母子分離而來的不安。我們不應該將這樣的不安當成戀母情結，立刻置之腦後，而是必須試著仔細思考，這樣的關係與哪個層次的母性有關。孩子與母親分離也有不同的階段，即使安於母子一體的世界觀，人類的身體也有其結構、性的關係。只不過，身體要素在性的關係方面占了較大的比重。再重複一次，關係的層次，會隨著與哪種程度的精神性相關改變，孩子與母親分離時，「母親」的意義也會轉變成更深層的概念。如果不了解這點。就無法解決現代青年男子的陽痿問題。

02 拒絕身體

青春期的孩子身體急速成長，第二性徵也隨之出現，到了青年期，身體已完全變成大人了。但接受這個完成急速變化的身體成為「自己的一部分」，出乎意料的難。這時一般來說，男女是有差異的，女性的問題多半在「接受」時發生，男性的問題，則是在把自己的身體當成自己的一部分去積極作為時產生的。因此，如同先前提過的，一般來說，女性較常在青少年前期發生嚴重的精神官能症，男性則較常在後期發生。

接下來，我想試著透過一個精神官能症的例子，來探討身體與心靈的問題，案例中的精神官能症會讓人覺得，患者是否拒絕接受那個應該成為「自己的一部分」的身體。

青春期厭食症

某女高中生因為討厭肥胖而開始節食。雖然父母告訴她，她在旁人眼中並沒有特別胖，不用節食也無所謂，但她意志堅定地持續節食，並逐漸瘦了下來。然而，她後來變得幾乎不吃東西，日漸消瘦。如果父母看不下去，強迫她進食，她就會吐出來。她瘦得讓人幾乎不忍卒睹，本人卻似乎覺得這樣很好。而且她是個努力的孩子，不僅沒有向學校請假，體育課時甚至還活動驚人，讓人不禁懷疑，沒吃東西的她到底是怎麼辦到的。

這樣的症狀稱為青春期厭食症，或青春期消瘦症。節食會造成營養不良，極端的情況下甚至會死亡，因此必須密切注意；為了保命，有時也必須住院，聽信偏方相當危險。青春期厭食症從前沒那麼多，但最近蔓延到日本全國，人數也變多了。厭食症，大致上是青春期女性特有的精神官能症，但有時青春期以外的女性也會罹患。有些人在結束節食時太開心，結果變成暴食症，最後因為體型變胖而煩惱。有一些案例是在胖瘦之間反覆。最近也有少數男性罹患厭食症，但是否男性厭食症應被視為與女性厭食症同樣的疾病，則是個問題，在此不討論。

青春期厭食症的患者，或許是拒絕自己身體的成長，甚至是存在。他們不想成為大人。女性與男性相比，身體與心靈的關係更緊密，因此女性比男性更難區分接納自己身體與感受自己本身在方式上的差異，這兩者是緊密結合在一起的。所謂的長大成人，對男孩來說是變成男人，對女孩來說是變成女人。換句話說，人類在長大成人時，必須接受自己的「性」。青春期厭食症的女孩不想成為大人，換句話說，就是拒絕成為女人。說得更明確一點，厭食症的人在這時展現出對女人「性」的厭惡感。

女性的初潮經驗非常重要。某位青春期厭食症患者，完全沒有向任何人（儘管她有母親）學習過關於生理期的知識，因此她在初潮時很擔心，以為自己得了什麼嚴重的疾病。這雖然是特例，但即使孩子從母親之處學習到生理期的知識，母親在初潮時的態度，也會大大影響女兒接納這件事的方式。日本自古以來，就有在女兒初潮時煮紅豆飯慶祝的習俗，甚至有女性表示，這是她身為女性感到驕傲的時刻。換句話說，女孩周遭的人如何接受她變成女人的事實，是很重要的一件事。

最近有些人認為，學校的健康教育課程很確實，女孩們已在學校學習了「科學性的知識」，因此母親不需要再特別跟女兒談論生理期的話題，但這個觀念是錯的。女孩們需要學習的不只是「科學的知識」，還有與生活態度相關的人生智慧。母親對女兒分享自己身為一個女人、一個母親，甚至是身為一個人是如何活過來的，對女兒來說，將成為難以取代的支持。我們必須向孩子傳達的智慧不只源自於心靈，也源自於身體。

與母親的連結

母親與女兒的連結極為重要。而且這樣的連結，必須是以母子一體感為基礎的深厚關係。孩子雖然會離開母親，但他們有時會先確認自己與母親的連結才分離，尤其是在必須分離的時候。有時這個確認的程度非常強烈，已是青少年的孩子，甚至會如幼兒一般向母親撒嬌。這點無論是兒子還是女兒都一樣，外人甚至會看到已長大成人的孩子，悄悄觸碰母親身體撒嬌的情景。但這種時候，也會發生母親厭惡孩子的撒嬌並強烈拒絕，導致孩子在該自立時發生困難。

由此可知，母親與孩子的連結極為重要。但在父親對母親的支持力量薄弱時，親子關係的狀態也會扭曲。若母親感覺到父親在家庭內的態度軟弱，就會在不知不覺間扮演父親的角色，如果父親為了補償，也開始扮演母親的角色，親子關係就會逐漸混亂。換句話說，母親在家中專門扮演斥責孩子、決定方針的角色，而父親則同情、袒護孩子或是莫名溺愛孩子。日本似乎很容易出現這樣的家庭模式。

當然，父親與母親就像網球雙打的前鋒與後衛，有時也必須視情況交換角色。如果過於被固定的觀念束縛，就會變得動彈不得。如果父親與母親的角色完全逆轉，會成為問題。不過，仍會出現必須由一人徹底扮演父親與母親的例外，也是事實。

有時，母子相連的情形不只在孩子與母親之間發生，類似的情形也可能發生在孩子與其他人之間。這個人可能是教師，可能是某位親戚或某個團體。連結順利的時候其實無所謂，但如果青少年尋求與母親連結的態度過於強烈，有時會讓成為母親代理的人感受到難以負荷。

我們也可以從這個觀點，來看青少年時期對酒精與藥物的依賴。酩酊大醉的狀態，能帶給孩子相當於母子一體感的安心感。雖然孩子有時也需要這種感覺，但沉溺其中無法脫離，就難以自立。大人希望這樣的青少年重新振作時，如果只是規勸他們戒掉酒精與藥物，沒有給予他們母愛取代之，就很難成功。藥物依賴太過強烈，讓他們感受到生命危險時，甚至會產生與大地之母連結的一體感，也就是懷疑自己是否應一死了之。我們現在已充分了解，助人工作者在這時時常會遭遇嚴重的困難。

03 超越自己的存在

身體是一種不可思議的存在，既屬於自己，又不屬於自己。舉例來說，假設我的手臂因為動手術而切斷，這隻被切斷的手臂，就會被當成不屬於我的東西處理掉了。

我無法控制自己心臟的跳動，也無法控制胃的運作。話雖如此，這些器官的運作並非全然與我無關，而是會配合我所處的整體狀況，採取適合的方式應對。我們以為自己可以自由地活動手臂，儘管如此，手臂有時也會因為緊張而顫抖、僵硬，變得無法順利活動。這麼一想就能發現，身體本身即包含了許多讓人思考人類存在的要素。

家庭暴力

忘記是什麼時候了，有一個青年用金屬球棒殺害了自己的父母。當然，這件事是他做的，但他卻完全沒有想到自己會做這樣的事情。「我不知道做這件事到底是誰的意志」，以他當時的精神狀況來看，他甚至想要這麼說吧？近年來日本發生愈來愈多家庭暴力的案例，施暴的孩子一旦平靜下來，再問他為什麼要做這種事，他們多半自己也不清楚。實際狀況是，他們開始對父母施暴，就會陷入自己無法控制的狀態，停也停不下來。他們覺得用言語溝通無法表達，無論如何都非得施加身體上的攻擊。

家庭暴力最常見的案例是兒子對母親施暴，而且其理由與程度完全脫離常軌，因此在初期無法明確掌握家庭暴力的病理時，經常會被誤診為精神疾病。這也代表家庭暴力的行為中存在著許多這樣不可理喻的部分。他們會因為母親的一點小動作或言語，就突然發怒施暴，但其他時候完全就像普通人一樣，也擁有清楚的判斷力。

有時候，如果把青少年時期想成正在把原本建造好的一棟屋子打掉重建，就會能清楚理解他們的行為。孩子在小時候建造了一棟適合孩子的屋子，但這只是一棟臨時小屋。孩子以這棟小屋為基礎逐漸完成工作，最後這棟小屋也毀壞，必須建造一棟新的屋子。當然，臨時小屋如果不夠堅固，會妨礙工作的進行，但如果臨時小屋蓋得太牢固，就像真正的屋子一樣，重建時就會很辛苦。大部分會在家庭施暴的孩子，他們的父母在建造臨時小屋時，都莫名地太過積極，把臨時小屋建造地太像真正的屋子，因此破壞時就需要相當程度的「暴力」。換句話說，很多家庭暴力的案例都是父母在養育孩子時，太想把他養育成「好孩子」，最後打造出縮小版的大人。

我再繼續用改建房子當比喻，這個問題也可以用下列方式說明。改建房子時，想把房子蓋得愈大，地基就必須挖得愈深。因此，如果地基挖得太深，發生問題的可能性就會變得更大。換句話說，現代的孩子與從前相比，因為地基挖得更深，所以非常辛苦；如果用心理的說法來說，就是現代的孩子遇到的心靈問題更深刻。舉例來說，某位高中生在面對母親時，面對的不是身為個人的母親，而是她背後具備「母性」這個要素的深淵。換句話說，這位高中生被迫與自己心底深處的母性原型對決。這時，即使母親若無其事地進入他的房間——這個行為客觀來看確實沒什麼大不了的——這個孩子也會理解成是怪物或其他什麼東西「入侵」，而他為了與這個怪物「戰鬥」，必須使用暴力。事實上，他戰鬥的對象應該是內心的母性原型，但表現在外的，卻是他在對抗母親。

當然，青少年為了成為真正的大人，必須親自與這些深刻的問題對決，而前面提到的象徵性弒母，則終須在自己的內心世界完成。他們因為做不到這點，才會做出對母親施暴這種蠢事。我們大人必須充分理解由此而生的問題層次有多深。生活在現代的青少年，內心存在著相當深刻的裂痕，甚至達到精神病的程度。如果我們不清楚這點，企圖簡單處理家庭暴力的案例，多半不會順利。此外，我們也必須了解，即使很多現代青少年沒有在家庭裡施暴，他們也仍然有不知該如何療癒的深刻裂痕。而這樣的課題，也不是「只要解放心中的壓抑即可」這種單純思考，就可以處理的。

身心症

前面提到，現代青年的心靈裂痕相當深。而身心症患者逐漸增加，可說是與之相關的事實。身心症這個名詞自從日航空難事故以來，就變得廣為人知，但似乎也因此產生許多誤解。根據日本身心醫學會的醫療對策委員會指出，所謂身心症的定義是：「以生理症狀為主，但其診斷與治療特別要考慮到心理性因素的疾病」。身心症包括氣喘、消化器官的各種潰瘍、異位性皮膚炎等等，症狀非常多樣。有些學者對身心症的認定較嚴格，有些較寬鬆，舉例來說，有些學者認為前述的青春期厭食症等屬於身心症，但有些學者不這麼認為。這些細節另當別論，總而言之，青少年的身心症患者從以前到現在逐漸增加，最近甚至連兒童都出現胃潰瘍。

身心症的定義中，雖然有「特別要考慮到心理因素」這樣的表現，但必須注意的是，這裡並沒有說「心理性因素是身心症的原因」。一般人對於身心症存在著「心理原因造成身體疾病」這種武斷的誤解，我覺得這會引起不必要的混亂。舉例來說，有些人會對身心症患者說，「這是因為你素行不良」、「這是因為你意志薄弱」；或者試著探討「你是不是有什麼煩惱」；或是給予忠告「你應該活得更輕鬆一點」。我必須說，這些想法都把身體與心靈的連結想得太簡單了。因為在聽到「你是不是有什麼煩惱」時，患者立刻就能用言語表達出來的煩惱，很少會引發身心症，即使他說得出引發身心症的煩惱，解決這個煩惱後，心理狀態也不太可能因此產生任何一丁點的改變。就算聽到「輕鬆一點」，人也不是那麼簡單就能活得「輕鬆」。就算建議患者請假去泡溫泉之類的，泡溫泉時如果想著工作該怎麼辦、將來該怎麼辦等等，也無法特別感受到「輕鬆」。

身體與心靈之間的糾纏沒有那麼單純，多半很難說哪個是原因哪個是結果。所以才會刻意使用「有關心理性因素的考量特別重要」這種含蓄的表現。而且這個「心理性因素」如同前面提到的，屬於無法簡單類推、處理的那種。而實際上，很多疾病雖然說是身心症，但在治療時不勉強與心靈連結，只採取身體治療也能改善，因為在治療身體的過程中，有時也能自然將心靈治癒。

第三領域

為了深入思考身心問題的本質，在此提出一個兒童文學作品做為例子——羅賓森（Joan G. Robinson）的著作《回憶中的瑪妮》（*When Mamie Was There*，台灣東販）。主角安娜是一位為氣喘所苦，難以融入周遭人群的少女。安娜為了易地療養，暫住在海邊的一對老夫婦家。安娜自由地在海邊一帶散步時，遇到一位名叫瑪妮的少女，兩人逐漸熟稔起來。安娜的父母很早就去世了，她是一個貧窮的孤兒，但瑪妮卻是有錢人家的孩子。安娜既羨慕瑪妮「得天獨厚」的環境，也受到瑪妮的溫柔吸引，與瑪妮的往來逐漸變得親密。安娜的病透過與瑪妮溫暖的接觸逐漸好轉，但她也開始發現，原本以為瑪妮是「得天獨厚的孩子」，但實際上，瑪妮雖然生長在有錢人家，卻沒有得到雙親那麼溫暖的愛。

安娜與瑪妮變得愈來愈親密，後來安娜卻以為瑪妮拋棄自己，因而強烈憤怒。但安娜看到瑪妮痛苦的身影後，大喊著要原諒她。安娜就在體驗激烈的情感風暴，以及與瑪妮的交流中逐漸痊癒。其中有一點非常重要，就是瑪妮並非真實存在的人物，而是安娜的幻想，詳細內容請各位閱讀原著。筆者在閱讀這本書時，有一個事實引起我的共鳴，那就是只有像這樣存在於幻想世界的人，才能治癒安娜，這是沒有任何一個真實存在於這個世界的人可以辦到的。那麼，瑪妮的存在到底代表什麼呢？巧妙出現在安娜面前，最後又消失無蹤的瑪妮，到底是在哪裡呢？

筆者閱讀《回憶中的瑪妮》的感想是，我們在思考人類的存在時，不應該只看身體與心靈這兩個領域，還必須假設有第三領域的存在，而這個第三領域，由身、心結合在一起的整體性形成。安娜既非身體不好，也不是抱有心病，她或許是無法順利接觸第三領域，才會發生各種問題。而出現在她幻想中的瑪妮，不就是來自第三領域的使者嗎？筆者現在還無法詳細且確實地描述第三領域，但我認為，第三領域或許就是自古以來被稱為「靈魂」的事物。

為什麼要在這裡特別提到這本書，我自己也不是那麼確定。我認為現代的孩子在成為大人時，必須思考關於靈魂的問題。若社會的所有成員，都如同前面提到的未開化社會的成年禮儀式那樣，相信祖靈或神等超越者的存在，事情就比較簡單。這時超越者能讓修練者在團體內發生「存在條件的根本性改變」，但現代已不再能夠藉助這種團體性而產生改變，每個人只能各自成為大人。這時候，每個人必須以自己的方式，與相當於自己靈魂的存在接觸，而認知到超越自我的存在，這是成為大人必須的基礎。

筆者並非藉此主張為了成為大人，必須信仰某個特定宗教或加入某個教派。雖然有些人會採取這種形式，但重要的是，認知到超越自己控制的存在，並且能夠試著透過與其產生關連來思考自身的存在。只有以這點做為後盾，才能接納無法完全受自己意志控制的身體，成為自己的一部分。

安娜與瑪妮成為朋友，是誰也不知道的祕密。當人類試圖接觸自己的靈魂、試圖確立自己這個個體的存在時，必須保有的祕密。這也是為什麼連結身體與心靈的性，經常被當成與靈魂問題密切相關的事物，包裹在祕密的薄紗裡。因此，人類對性的遮掩並非因為輕視，也非因為不潔，而是將性當成極富深意、必須尊重的事物隱藏起來。大人把關於性的生理知識傳授給青春期的孩子，誤以為像這樣「公開一切」就能解決性的問題。在某些時候，傳授關於性的生理學知識確實也是必要的，但問題並沒有因此而解決。如同先前所述，就女性的情況來說，性的問題以初潮的形式到來，無關乎自己的意志，如何接納首先成為課題，因此必須掌握與之相關的知識。相反的，男性則需要採取積極與之對決的態度。青少年因為想了解性的祕密而苦惱，也因為握有性的祕密而苦惱。他們必須透過這些苦惱，思考男與女、精神與身體、善與惡等問題，並且也必須試著針對自己的存在與他人之間的關係，進行多方思考。而他們愈是深入思考愈會發現，性的祕密包含了永遠難解的謎題。青少年為了成為大人，必須親自面對這些問題的磨練，我們不需要透過提早傳授他們生理上的事實，讓他們以為自己「已了解」性事，奪去他們難得的鍛鍊機會。

第四章

與他人的連結

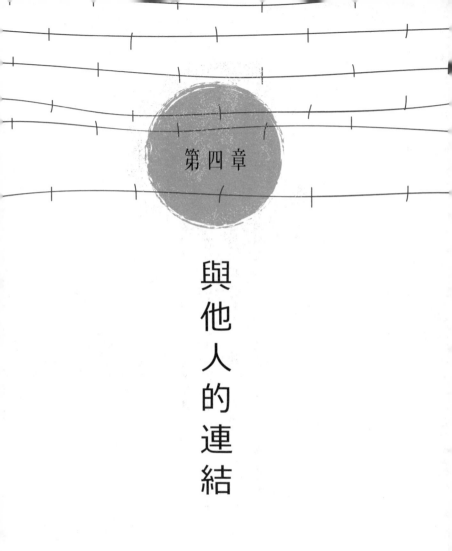

孩子有他們的人際關係，但是，大人也必須建立大人的人際關係。除此之外，在孩子長大成人時，有些人際關係的狀態會幫助成長，有些則會造成妨礙。而且，在某個時點幫助成長的人際關係，在另一個時點甚至可能反而妨礙了他。這麼一想，就能充分了解人際關係的困難與重要性了。

01 孤獨與連帶

青少年時期，可說是同時品嘗相當程度的孤獨感與連帶感的時期吧！所謂的長大成人，可說必須能夠忍受孤獨，也必須與各式各樣的人建立連帶關係。我想人類的孤獨與連帶感，其中包含了強烈的矛盾。

朋友

在青少年時期獲得益友很重要，青少年可透過與友人的關係，對自己個性的理想狀態產生自覺，學習理解、評價與自己不同的生活方式，而這是成為大人的必要條件之一。

兒童時期的交友關係，含有較大的偶然成分，譬如剛好住在附近，或是在教室裡剛好坐在隔壁，但隨著孩子逐漸成長，他們也愈來愈會根據自己的個性、透過自己的意志選擇朋友。總而言之，擁有認同、接納「自己」這個存在的友人，能帶給人力量。如前所述，孩子為了長大成人，必須在一定程度上與雙親分離，因此像這樣獲得朋友的支持，就會讓人覺得是十分值得感激。

但是，這種與朋友之間的連帶感，如果只是替代雙親，本質上就會十分接近母子的一體感，反而會阻礙青少年成長。舉例來說，有一位就讀大學的A同學，莫名覺得去大學上課變得有點愚蠢，因此經常把自己關在宿舍裡，即使如此，他在寂寞難耐時還是會去學校，卻沒有人理他。就在這時，他在附近餐廳與偶然比鄰而坐的年輕人熟稔起來。這位年輕人與A同學年齡相仿，在高中畢業後即出社會工作。儘管如此，兩人依然對彼此感到強烈的親密感，成為互相拜訪宿舍，常一起用餐的朋友。對A同學來說，和這位朋友在一起時，心情莫名平靜，即使沒有特別聊什麼，也覺得彼此似乎心意相通。這樣的友情持續了一年多，然而不久之後，A同學和這位朋友在一起時開始變得莫名煩躁。這位朋友雖然沒有什麼讓A同學看不順眼的地方，但A

同學還是覺得焦慮。

A同學之所以會產生這樣的感覺，是因為他與朋友的關係，開始朝著阻礙自己成長的方向發展。在此之前，這位朋友的存在，確實具有幫助A同學緩和孤獨感的意義，但當A同學試圖跨出一步脫離這個狀況時，卻覺得這樣的關係莫名地成為阻礙。在這種情緒的作用下，兩人開始為一些無聊的小事爭吵，好一陣子不見面。A同學氣得不得了，至今為止，自己為了陪對方而做出各種犧牲——事實上，他不知道對方也有同樣的感覺——結果對方卻因為一點小事就生氣，真是太愚蠢了。他心想，我這輩子再也不理會這種人了。但另一方面，自己一個人吃晚餐，晚上獨自待在宿舍裡，總有說不出的寂寞，他驚覺自己心中期待對方的到來。

就在這時，對方突然在深夜造訪。「總而言之進來吧」，他請對方進到宿舍後，對方像是煩惱了許久才說出下列這段話：「我覺得上大學沒有價值，所以高中畢業後就出社會工作，至今為止也都做得不錯。但我或許沒有發現，自己內心某處還是有點羨慕大學生吧？所以我也反省，和你做朋友、安慰煩惱的你，是不是想藉此確認自己果然還是比大學生堅強，比大學生了不起，從中找出不上大學的意義。我們吵架的原因雖然只是小事，但我認為原因出在，至今一直站在被保護者立場的你，稍微提出了自我主張，但我自己或許在內心某個部分，沒有把你當成對等的人來看待」。A同學聽了之後，為他的直率，以及深入的思考而感動。被他這麼一說，A同學也想起了很多事情。

分享陰影

A同學聽了朋友直率的告白後，想起了一些事情，並且試著坦白說出來。仔細一想，A同學與朋友最常聊的話題，都是其他大學生的壞話，像是其他大學生竟然認真學習那些無聊的東西，或是在大學裡熱血地運動到底有什麼意義等。兩人在這方面意氣相投。但是，過了一年之後，A同學也不由自主地想回學校上課了，卻覺得不好意思告訴朋友，尤其先前對於大學課業恣意批評，但如今自己卻想回去上課，也讓他覺得很沒面子，說不出口。兩人都把想法攤開來談，A同學心想這麼一來，兩人的友情或許也就此結束了吧？但他們的感情反而變得比從前更好，這讓他覺得很不可思議。

朋友關係建立在各種要素上。如果只把眼光擺在關係緊密這點，會發現有些關係看似非常好，卻妨礙了彼此的成長，只是在「分享陰影」罷了。任何人都有「陰影」，這個陰影是自己難以接受的部分人生，或是拒絕活下去的部分。就這個例子來看，「上大學讀書」是A同學與朋友共通的陰影，因此兩人光是說大學生的壞話，就能意氣相投。陰影必須克服，但我們為了排解直接面對陰影時的痛苦，會建立分享陰影的人際關係，有時透過不理會自己的陰影，將別人當成笑柄，攻擊別人，來誇耀「堅定的友情」。這時，為了將這樣的關係提升到「大人的友情」的層次，必須將總是看向外部的批判，轉向內部，直視彼此的陰影，就像A同學與朋友的談話一樣。他們像這樣談過之後，即使A同學開始去學校上學，朋友繼續從事一直以來的工作，他們依然能夠各自走向各自的道路，無論對方上不上大學，友誼都不受影響。

每個人都有陰影、脆弱的一面，如果不與他人建立分享陰影的人際關係，就會痛苦到難以活下去。但我們不能總是滿足於那樣的關係。當我們想要改變時，就會體驗到A同學所經歷的那段、甚至想斬斷友情的孤獨感，但這種孤獨感將成為接下來產生新的連帶感的契機，這是這類友情特徵。

戀愛

孩子長大成人的過程中，幾乎都有過戀愛經驗吧！話雖如此，每個人經歷戀愛的方式，都各不相同。所有戀愛的本質，目標都是將男性與女性不同的存在，以某種意義合而為一吧！關於性的問題前面已提過，但我們也必須承認，戀愛即使沒有直接意識到性慾，其中也包含從根本動搖人類存在的能量變化作用著。人類追求更完滿的、更整體的傾向，就作用在男女合而為一的意志背後。即使當事人在戀愛時，只多少是玩玩的心態，然而在某種意義上，可說是希望藉對方來彌補自己缺陷。

無論男女，都會從對方身上找出某種自己缺乏的特質，對其產生嚮往，同時也會希望自己能夠回應對方寶貴的期待，因此很多男女都能透過戀愛成長。把父母與教師的忠告或建言當耳邊風的青少年，卻因為戀人的一句話突然改變態度，是常有的事。戀愛時的能量活動，與平時的層次截然不同。而正因為如此，也伴隨著重大的危險性，讓戀愛不時也會成為墮落的開端。但如同一開始所提到的，如果戀愛的目的是將不同的存在合而為一，那麼無論如何，都會產生一條沉溺之路吧！

無論古今中外，戀愛常被當成文學作品的主題，從這點來看就能了解，要把所有戀愛一概而論有多麼困難。戀愛當中包含了永遠難以捉摸的要素。在此，我大膽地以極為粗略的方式來說明戀愛關係。為了讓雙方透過戀愛而成長，他們在某種意義上，就必須使兩人的相反傾向共存，因為只有將相反的事物合而為一，才能產生新的事物。但如果兩人相反的傾向太過強烈，不僅無法合為一體，甚至應該分開，才是理所當然。為了讓雙方朝著合而為一的方向前進，兩人之間必須有共通的要素，作為推動這個過程的基礎。簡單來說，雙方共通的要素能夠幫助穩定關係，但缺乏發展性；而相反的要素雖然具有構成新發展的可能，但也有強烈的互斥傾向。戀愛關係就在這樣的矛盾中成立。

在以結婚為前提的相親中，無論如何都會把注意力擺在關係的穩定性上，因此多半會強調男女之間各方面的共通要素。另一方面，如果是談戀愛，則兩人無論如何都會以發展新的可能性做為賭注（或者是無意識地陷入這樣的賭注），因此固然男女雙方的許多差異讓周遭人多半對這段關係的穩定性缺乏信心，但相對來說，當事人仍滿懷熱情。戀愛時，兩人也經常因為有太多的自以為是與自作多情，破壞戀侶難得的合一意圖，反而導致破局。換句話說，若雙方之間差異太大，就會在合而為一之前產生破壞作用，但是明明心理合一之路遙遠，身體關係卻發展得太快，兩人不得不先完成結婚這種社會性結合，最後若兩人之間的鴻溝無法跨越，便會導致婚姻破局。

戀愛當中，兩人經常出現自以為是或自作多情，是因為他們各自心底潛藏的欲望或期待太過強烈，容易產生對方能夠滿足自己的錯覺。舉例來說，某位男性強烈渴望溫柔，因此即使交往的女性只是稍微對他親切一點，他也會感受到深刻的柔情。後來，他因為向女友尋求溫柔的態度過於強烈，導致女友拒絕他，最後失戀了。這時候，他不應陷入女友背叛他或他不應該自以為是等無窮盡的後悔循環，而應試著思考為什麼自己會對溫柔有那麼高的期待，是否應該將這樣的特質當成可以自我開發的可能性等。只有這樣，接納所有發生的事情，而不是單純地責怪別人，才可以說具備了成為大人的條件。

02 身為日本人

思考人際關係時，首先最須了解的是日本人在人際關係方面的特徵。如果缺乏這樣的認識，即使就一般論或西方模式來思考個人與家庭、社會的關係，也會脫離現實。直到不久之前，我們都把西洋近代的文化當成範本，甚至自以為彼此具有幾乎相同的生活方式，但隨著國際交流日漸頻繁，與外國人接觸的機會增加，對外國的情況逐漸了解，才終於發現日本人與西方人的生活方式之間有許多相異之處。因此最近「日本人論」[1]逐漸盛行，關於這點，大家應該都有一定程度的了解。雖然我無法對此進行詳細說明，但在思考「轉變成大人」時，這是無法忽略的問題，因此先簡單提一下。到目前為止，我描述的「轉變成大人」，在某種程度上說明的都是一般通用的概念，嚴格來說，所謂的大人，到底是日本的大人，還是西方的大人呢？當這個疑問被提出時，「變成大人」的問題也會變得更複雜了。

日本人的自我

每個人都認為「確立自我」是成為大人的條件之一吧！但筆者認為，西方人的「自我」與日本人的「自我」並不相同。首先，我們試著從一個例子來看，這是筆者在瑞士留學時發生的事。某位小學一年級的孩子因為成績不好，被降級到幼稚園，我知道之後很驚訝，幼稚園老師問我「日本沒有降級嗎？」我告訴他日本的小學不會降級後，老師一臉訝異地說：「日本實施這麼不關切的教育沒問題嗎？」對我來說，這時印象最深刻的是，他們把降級當成一種「關切」。換句話說，將成績不好的孩子降級到程度適當的班級，

1 編註：指日本人探討日本文化與民族性的著作，通常與歐美作對照，強調日本獨特性。

是西洋式的關切；即使成績不好也要讓孩子進級，則是日本式的關切。可想而知，日本與西方之所以會產生這種思考方式的差異，是因為做為思考主體的自我的理想狀態不同。

西方人的自我與他者分離，徹底以個體的形式確立，具有對他人主張自我存在的特徵。相對的，日本人的自我則徹底與他者相連，其存在的基礎與其說是主張自我，不如說是對他者的關懷。以前面的例子來說，某位孩子進入小學一年級就讀，無論他的成績好壞，考量到他的心情，都必須讓他和其他孩子一起升上二年級才行。相反的，西方人卻教導孩子成績不好就應該降級，如果不想降級，就自己必須努力。

就日本人的角度看，就算對方什麼都不說，也能「察覺」對方的心情才稱得上是大人；但就西方人的角度看，能夠自己主張自己的想法才能算是長大。這樣的混亂，隨著西洋與日本的交流逐漸頻繁發生。舉例來說，長期旅居歐美的日本人回國後，毫不猶豫地主張自己的想法，結果會被人批評「擺架子」、「為所欲為」等，這就充分體現了這點。相反的，長時間住在日本的美國人回到美國之後，也會因為不主張自己的想法，而遭到朋友勸告「這麼做在美國是行不通的」。

日本人在建立自我時，與西方人是不同的，不會採取讓自己在他者之中明顯突出的形式，反而必須經過把自己隱藏在他者的存在中，是一種在接納他者的同時，又不至於抹去自我存在的複雜過程。但在這樣的過程中，如果過度重視他人的想法，總是太過偏重於考量「他人會怎麼想」、「必須避免成為他人的笑柄」，也可能會變成西方人口中的「沒有自我」。

筆者在此無意透過比較西方的自我與日本的自我，來主張孰優孰劣，或是該如何做。日本剛戰敗時，常會出現洋派思考較好，批判日本人的自我有「過度在意他人眼光」的傾向，但近年來日本在經濟上的成就獲得高度評價，開始出現某種類似日本人論的說法，認為日本人的觀念較有彈性，但事實上，筆者認為雙方的觀念各有利弊，不應該輕易做出判斷。

教養孩子時應有的觀念

雖然前面提到，無法斷定日本的做法與西洋的做法孰優孰劣，但就一般傾向而言，日本人受西方影響逐漸西化，則是事實。然而，日本人如果沒有自我覺察到受了什麼樣的影響、影響程度有多深，就會帶來嚴重的混亂。

在此試著舉出一個例子來思考。某位年輕女性在母親的陪同下，前來我這裡諮商。這位女性與先生談了兩年戀愛才結婚的，卻因為公婆太不講理，老公也不體貼，而逃回娘家。她來找我，是想了解接下來該怎麼辦。她對公婆的憤怒來自各個方面，舉例來說，婆婆做了老公喜歡的料理前來拜訪，老公不懂自己的心情，邊吃邊開心地說「還是媽媽做得菜最好吃」，而她做的菜老公只吃了一點點。她當下忍住了憤怒，但後來老公與婆婆講了很久的電話後，也要求她透過電話向婆婆表達對料理的謝意，這讓她覺得老公太過忽略自己的心情，因此跟老公說「不需要吧。」結果，老公以為她瞧不起公婆，大發脾氣。或是，某天她與老公一起到公婆家，由於陪公婆說話也不是那麼有趣，因此她與老公兩人去了老公以前的房間聊了很久，結果公公跑來抱怨，說「你們也要多考慮一下做父母的心情吧」，後來老公就立刻去了公婆的房間。

她這麼一想，就覺得老公被父母與老家綁住，完全無法自立。如果公公疼愛自己的孩子，在老公與自己兩個人聊得很開心時，應該也會樂見孩子度過愉快的時光，結果他反而對此抱怨，實在太自私了。婆婆也是，就算再會煮飯，也不用把自己煮的料理刻意拿出來，好像在諷刺身為妻子的自己煮得很難吃一樣……，她的不滿源源不絕，而陪她一起來的母親也在一旁點頭：「她說得一點也沒錯」。

日本應該到處都發生類似的情形吧！這位女性雖然一半是對的，但很難說完全正確。她批評老公沒有脫離父母獨立，但自己因為一點小事就逃回娘家，還在母親陪同下前來諮商，也不能說是脫離父母獨立吧！她覺得只要公婆疼愛孩子，看到老公和自己在一起愉快的樣子，就應該無條件地感到開心，如果這個想法是正確的，那麼也可以說，如果她愛著老公，看到老公開心吃著婆婆做的料理的樣子，也應該無條件地感到開心吧？他們兩人都是半斤八兩。

從前的「媳婦」會哭著忍耐；而主張自己的想法、不再忍耐，是洋派的做法。但她如果是真的「洋派」，就不會哭著回娘家，而是把自己的想法告訴老公。老公也會把自己的想法告訴妻子，兩人再根據彼此的想法，同心協力，徹底想出一個好的辦法。這裡必須注意的是，我們在批判他人時，往往會依賴知識，很容易運用記在腦中的西方思維，譬如批判老公無法「自立」。然而一旦要「活用」知識，就容易陷於根深蒂固的習性，變成採取日本式的行動。從「養育孩子」這點來看，我們不也應該反省，自己在養育孩子時的基本態度，是否在不知不覺中在採取日本做法的同時，又根據知識採用西方做法嗎？如果不反省自己的養育方式，就會像這位女性的父母一樣，頻頻贊同女兒單方面的說法。這位女兒也是，如果接受的是像成績不好就應該從一年級降級到幼稚園這種「關切」的教育，就應該要自己更努力解決問題，而不是跑回娘家訴苦。

日本與西方「養育孩子」的方式，從嬰兒時期就不相同。如果父母不知道這件事，在孩子小時候採取日本式教育，長大之後才突然改採西式做法，可說是強人所難。我在歐美時，曾看過父親在母親忙碌時，陪幼兒說話、讀故事給他聽、哄他睡覺的情景，但有些日本人不知道究竟，模仿西方做法，希望孩子「自立」，結果父母雙方都對幼兒置之不理，反而扭曲了孩子的正常發展，這也令人困擾。引進異文化，並不是那麼簡單的事情。

未來該怎麼做？

那麼，我們日本人未來該怎麼做呢？如同前面所說，即使到了現代，日本人逐漸西化的傾向也依然明顯。我們無法輕易回到過去。事到如今，既不可能回到舉行成年禮的未開化社會，而就算緬懷明治時期，也不可能回到當時。而且事實上，每個社會、每個時代都有其好一面，也有壞的一面。我們一直以來都在某種程度上將西方社會當成範本，但現在不如說，他們也逐漸遇到瓶頸。

對我們來說，現在最重要的應該是清楚認知，並沒有應該遵循的範本。即使範本明確存在時，在某種程度上應該可說是一種「做法指引（how to）」。而現在，「變成大人」這件事之所以如此難以說明，難以用做法指引的方式來描述，終究也是因為沒有真正範本。從前的日本做法行不通，西式做法也同樣不行，這麼一來，或許有人會問，「轉變成大人到底是怎麼一回事呢？」如果沒有範本，到底要如何判斷呢？關於這點，應該可以這麼說，所謂的大人，就是要能了解人生根本沒有範本，必須自己摸索出一種生活方式，並對此負起責任。而成為大人，就是朝著成為大人這個明確的目標，並且為了達到這個目標，摸索出自己的道路的奮鬥過程。

如果用這樣的方式思考「成為大人這件事」，第一章提過的「挫折的意義」也會變得更清楚。我們甚至可以說，孩子必須經歷挫折，才能知道自己必須邁向什麼道路。我試著以家庭暴力的情況為例。關於這點雖然在第三章已經提過了，但在此可以試著將這個問題當成「日本人」的問題來思考。

犯下家庭暴力的孩子，有一種類型會逐漸升高對父母的要求，譬如一開始只是要求父母帶自己去吃飯，但後來逐漸變成帶他去高級飯店，而且即使真的帶他去飯店用餐，之後也還會抱怨這家飯店的菜難吃，應該再帶他去其他飯店，或者會在父親忙碌的時候，要求父親與自己一起去吃飯等等。換句話說，這種孩子的要求，會逐漸越來越難實現，如果父母跟他說這次不行，下次吧，或是請他稍微忍耐一下，他就會對父母施暴。完全同樣的事情，之後還會反覆發生。其中有些孩子會一邊毆打父母，一邊責怪父母「為什麼生下我」。

光聽這樣的描述，會覺得這看起來完全就是孩子的錯。但其背後存在的問題是，當孩子有不合理的要求時，父母無法根據自己的判斷，負起責任，清楚拒絕。「根據自己的判斷負起責任」說來簡單，但這對日本男性來說卻極為困難，我們日本男性，做任何決定時都會根據前面提到的日本的自我的特性去思考，也就是不仰賴自己的判斷，更習慣考量「他人會怎麼想」，或是即使遇到不合理的要求，也因為不想掀起風波，能妥協就妥協。但孩子看不慣這種做法。孩子在潛意識中渴望西方式的父親。

孩子對於這點過於缺乏自覺，因此並非那麼簡單就能解決。我想要強調的是，即便是乍看之下不講理的家庭暴力，這種挫折也存在著「轉變成大人」的重要契機。而且這個「大人」的問題相當深刻，顯示了日本自古以來的大人並不完整，還需要具備西方式的一面。家庭暴力，表示懦弱的父親必須變得堅強，或許有人會以為，這麼一來，應該讓從前的頑固老爹復活，但事情沒有那麼簡單。從西方觀點來看日本從前的頑固老爹，看起來就像任性的小鬼。再重複一次，即使是會在家裡施暴的孩子，期望的也不是純粹西方式的父親，雖然家庭暴力顯示了西方要素的必要性，但他們還是日本人，接受的是日式教育，因此理所當然，也需要日本式的要素。正因為如此，我們無法用「做法指引」的方式，來告訴父親該如何面對家庭暴力的孩子。但我們不能忘記，他們的行為中，也包含了對大人提出的正當問題，這是他們正在嘗試探索的過程。

03 家庭與社會

由於我們討論的是「身為日本人」的問題，因此我也試著在這個脈絡之下，思考家庭、社會與個人之間的關係。家庭與社會是孩子長大成人時不得不思考的，因為大人無論如何都必須負擔身為社會成員的責任，這是理所當然的。

家庭的阻礙

本書最前面的例子中，提到了一位離家出走的高中生。無論孩子生長在多麼良好的家庭，當他想要自立時，都會覺得家庭是妨礙他自立的阻力。但真正離家獨立對日本人來說，是很困難的。

有一位年輕女性談了戀愛想要結婚，她的父親說什麼都不答應。最後她試圖自殺未果，於是前來我這裡接受諮商。根據她的說法，男友是個非常傑出的人，但他的一切都與父親相反。她的父親是個腳踏實地的上班族，一步一步穩健地走在人生的道路上，而她的男友胸懷大志，雖然現在暫時是上班族，卻有著在不久的將來要開公司的大膽計畫。她的父親不抽菸，酒也只喝一點點，男友卻菸、酒都來。她聽了男友的話，覺得男友相當可靠，帶男友回家，父親卻一口咬定不能跟這種隨便的人結婚。我與她稍微談得更深入一點之後，發現她其實非常喜歡父親，而父親也十分疼愛她。她原本想和像父親一樣的人結婚，建立一個腳踏實地的家庭，卻逐漸受到同在一個職場的男友吸引。

根據她的描述，她相當理解父親的心情。她的父親很期待女兒與可靠的男性結婚，建立一個能夠令人安心的家庭吧！但女兒帶回來的男友，光是喜歡抽菸、喝酒，從父親的角度來看就已經不及格了。她想起父親至今為止對自己的好，就覺得想和這樣的男友結婚，實在對父親很抱歉。於是我問她，既然她這麼了解父親的心情，也覺得抱歉，那麼她曾由衷地向父親道歉過嗎？答案是沒有。我雖然覺得自己相當殘酷，但還是這樣問了：「對妳來說，由衷地向父親道歉比死還難嗎？」

有時，如果沒有一定程度的勉強自己，很難離開家裡，或者離開父母。以她的情況來說，她也感覺到自己與父親的連結很強吧！她試圖透過選擇與父親完全相反的人，來實現與父親的分離——話雖如此，這多半是在某種程度的潛意識中進行的。她覺得自己不得不遵循這股從心底湧出的力量，但同時也了解，這對父親來說是多麼悲傷。她無法明確地對父親說出口。這時，她其實是強烈地在對父親賴皮撒嬌。想要獨立的人，即使面對父母，也必須負擔身而為人的責任，而在感到抱歉的時候，說出自己的抱歉，就是身而為人的責任吧！

或許她在面對其他人的時候，覺得該道歉時還是會道歉，就像她在面對我時，能夠反覆說出對父親的抱歉一樣。但是她卻覺得對家人可以賴皮撒嬌，即使該做的事情不做，還是會被原諒，而且對她來說與其克服這點，還不如選擇去死更容易。（當然，她與我聊過之後，能夠正面地向父親道歉，事態也好轉了。）如果想要離家自立，必須擁有與家人正面談判的覺悟。如果沒有做到這點，只是離開家裡，如同先前所述，頂多只能孤立，無法自立。

話說回來，青少年即使離家也無法切斷與家庭的連結，因此會有虛擬家族的出現。離家之後被黑道吸收是最典型的例子。黑道是強而有力的日本家族集團，帶給青少年的阻礙比一般家庭更強。這種情況下，加入黑道的青少年只是身體離開自己的家，但就心理面來看，不得不說他們是愈來愈深陷「家」的束縛。換句話說，青少年與黑道的夥伴形成了虛擬家庭。如同前面討論日本人的自我特性時所提到的，日本人不擅長西洋式的自立，必須與他人透過家族般的人際關係結合，在一起才能安心，由於這樣的傾向強烈，因此即使想要離家自立，也多半會安居於虛擬家族當中。或許應該說，與其依賴這樣的贗品，還不如直接面對家庭的阻礙，將其當成人生的一部分，才稱得上是大人。無論如何，逃避家庭的阻礙是無法成為大人的。

與社會的連結

成為大人就是成為社會的一員，必須遵守所屬社會的規範，對社會的維持帶來貢獻。但是，我們不能將現代社會想成像未開化社會那樣的固定系統，社會是能夠逐漸進步的。因此，成為社會的一員，不僅自己進入既有的框架，也可說是親自參與框架變化的過程。所謂成為社會的一員，並不是將自己灌入既有的鑄模當中。

前面提到，青少年時期就像房子改建一樣。所謂的青少年時期，就是自己本身的變化與社會的變化複雜糾纏在一起的時期。有些人的眼光專注於外在事物，熱衷於貢獻社會、改變社會，而自己的內在也在這樣的過程中產生變化，最後成為了不起的大人；也有一些人的眼光專注於內在，致力於改變自己的內在世界，而這樣的人也能在不知不覺中，成為符合社會標準的大人。雖有內在、外在之分，但這兩者卻互有意想不到的關聯，只要認真地處理其中一面，就不得不觸及另外一面。只不過因為每個人個性的關係，有較為擅長的一方罷了。

青少年時期，無論如何都會自內部產生強烈的變動，追求創新、變化的傾向增強，也是理所當然。甚至極端來說，青少年時期的初期歡迎任何形式的改變，即使這樣的改變可能導致事態惡化。至於「大人們」喜歡的穩定，是他們最難忍受的。如何將這種追求強烈變化的願望，帶進社會——這個某種程度上已定型的系統——之中，是青少年時期的課題。就單純的情況而言，可能表現在嘗試穿奇裝異服；也可能表現在以強而有力的理論作為武器，提出強烈的異議。

這個社會，以一個大致已成型的之姿態存在，並與在某種意義上想要為其帶來改變的青少年力量強烈碰撞，而青少年就在這樣的鍛鍊中逐漸長大成人。雖然青少年有時會以不合理的方式展現對改變的強烈意志，但大人不僅要對其懷著深刻的理解，同時也必須成為擋在青少年面前的銅牆鐵壁，具備排除非理性的強大力量。青少年只有經過這樣的鍛鍊，才能長成社會的一員。而選擇職業的問題將成為一個窗口，展現社會接納青少年內在衝動的形式。

職業的選擇

對人類來說，擁有職業，能夠靠這個職業的收入養活自己與家人，是成為大人的充分條件之一。因此如何選擇職業，是成為大人的一大問題。現代的我們可以任意選擇自己喜歡的職業。相較於封建時期的那種身分固定，就能發現我們享受了前所未有的自由。然而，對人類來說，傳統與血緣的重要性也超乎想像。

以前面提到的糕點師傅父子為例（七七頁），兒子雖曾一度違反父親的意志，但不久之後依然展現出對父親的職業的理解。父親的職業，或者應該說代代相傳的工作，具有超乎想像的影響力。兒子即使從事了與父親完全不同的職業，依然有可能在新的職業中，以另一種形式繼承了父親身為專業人士所具備的氣質與態度。或許有些人會覺得，現在既然好不容易擁自由選擇工作的可能性，卻還是被自己父親與祖先的工作綁住，實在太愚蠢了，但我們還是需要考慮代代相傳的價值。舉例來說，即使兒子從事了與父親完全不同的工作，但身為父親的繼承者，他依然繼承了什麼吧？兒子只要試著這麼想，也許就能發現自己職業所蘊藏的廣度。人類不會那麼輕易就與一直以來養育自己的土壤分離。

職業與配偶的選擇，有時伴隨著意想不到的偶然性。各位或許會覺得，職業與配偶都是人生大事，這樣的大事卻由偶然來決定，實在太荒唐了。但實際上，偶然在不少情況下也會帶來圓滿的結果。舉例來說，有人陪朋友去相親，結果卻被對方看中，因而得到幸福的婚姻；有人在買東西時被店老闆問想不想來工作，結果就逐漸邁向成功之路，這樣的例子要多少就能想出多少。相反地，也有人立志長大之後要成為「某某某」，一直朝著這個方向努力，但實際上卻無法成功。如果把這樣的事情當成人生的奧妙，就沒什麼好說的，但這或許是在告訴我們，當人類面臨像是挑選職業與配偶這種人生重大選擇時，如果光是仰賴意志與思考，有可能無法帶來太好的結果。當我們的態度過於嚴肅認真，執著於絕對要完成某事，因為不管怎麼想這麼做都是最好的，這時，就會陷入類似棒球打者「肩膀太過緊繃」，或是投手「想太多反而被打出好球」的狀態。就人類的眼光來看，愈是具有深刻必然性的事物，乍看之下愈是偶然，而選擇職業時，內心也必須有活用這種偶然的餘裕。話雖如此，我想不用說大家也知道，活用偶然與被偶然耍得團團轉，看似相似實則不同。在拼命有所作為時，也給偶然一點機會吧！這可說是成為大人的條件之一。

04 輔助者的任務

根據到此為止的內容，我們逐漸可以從各個方面理解在兒童變成大人時，擔任協助者的大人所必須發揮的作用。尤其，我想各位能夠從實例中的輔助者所採取的行動，感受到其重要。在此我想將這些要點整理起來，做個簡單的說明。

從旁守護

「從旁守護」青少年的成長，可說是輔助者最重要的任務。給予青少年適當的忠告與建議確實也很重要。但是，能給孩子忠告或建議的人出乎意料的多，而願意聽從忠告與建議，重新振作成長的孩子則相當了不起，這樣的孩子甚至可說不太需要輔助者吧！成長是一條辛苦的路，需要很長的時間才能走過。對孩子來說，這時候如果有人從旁守護整個過程，他會非常安心。

身為心理治療師，我曾幫助過許多經歷挫折的人重新站起來。事實上，我認為自己的工作的核心就是「從旁守護」。很多人來找我時，以為我能夠教他從挫折中重新站起的「好方法」，期待我給他某種建議。但是，如同我一直以來反覆強調的，對某個個人來說，真正的成長，是他自己找出或是鋪設一條「自己的」路，這不是可以經由他人輕易教導的。因此，當他在這條痛苦的路上前進的期間，其他人除了從旁守護之外，什麼事情也無法做。話雖如此，各位能夠了解從旁守護是多麼困難與痛苦嗎？

如果用更詳細的說法來說明從旁守護，就是盡量給予孩子自由，持續陪伴在他的身旁，永遠不失去期待。舉例來說，假設有一個陷入失戀傷痛的青年，覺得自己生不如死，並且說要出去旅行，尋找自己結束生命的地方，這時我們能夠「給予他自由」嗎？如果他真的自殺，一切都無法挽回。又或者，某位青年因為工作上的一些小事，就與上司吵架辭職，這樣反覆發生幾次之後，當他再次表示想要找工作時，我們能夠「不對他失去期待」嗎？一般來說，需要輔助的人，都是很難讓人產生期待，或是讓人不想給予自由的人。但正因為如此，不對他失去期待以及給予自由才有意義。

為了持續抱著期待，我們必須學習相信人類的可能性。幾乎所有的人，都只靠著孩子的外在表現來判斷「那傢伙不行」，或是「期待他也沒用」。但是，人類有潛力，也有可能性。孩子只有與對他懷著期待且從旁守護的人建立關係，才能以此為基礎，開發出潛力與可能性。這樣的事情光說不練是不行的，如果沒有親身體驗應該很難理解。但是，只有對所有人都放棄的孩子持續懷抱期待，並且參與他，陪伴他逐漸成長、改變，才能在日後成為他強而有力的後盾。

為了持續抱著期待，我們也必須仔細觀察狀況。譬如，某位青年以前經常與上司吵架而辭職，並且這次又做出同樣的事情，我們不能因為這樣，就輕易判斷他已不值得期待，因為他以前與上司爭執時，總是只主張自己的正當性，但這次開始稍微含糊其辭，承認自己多少也有錯誤。這些部分都必須仔細觀察。很多人會感嘆「孩子一點都沒有改變，一直無法變好」，但世界上不太可能有「一成不變」的事情。我們在斷定同樣事情會再度發生之前，必須試著仔細思考是不是有哪些部分改變了。只要有一點點改善的跡象，就能持續給予期待。

給予孩子自由也是一件很難的事情。當然，我們不能連自殺的自由都允許。但是有些孩子在大人靜靜地聽自己描述自殺的想法卻沒有阻止時，就能主動放棄自殺的念頭，決定再努力看看。所以當孩子說想要自殺時，不需要慌忙阻止，而是應該陪伴他直到忍受不了為止。這時候的感覺，就像是輔助者的容許量與青少年心底的破壞力，正在危險的邊緣角力。如果對方是難纏的人，雖然會讓我們深感自己能量太小，但只要在努力持續這樣的角力中鍛鍊，我們的能量也會逐漸變大。

第三章介紹了《回憶中的瑪妮》。故事中，收留安娜的老夫妻——佩格先生與佩格太太——從旁守護不幸的少女安娜，盡可能給她自由。他們的行為帶給安娜很大的幫助，讓安娜逐漸好轉。治癒安娜的少女瑪妮，在佩格夫婦的守護之下，出現在安娜的靈魂國度中。安娜的好轉，說穿了靠的是她自己的靈魂，但必須要有佩格夫婦的守護，才能促使靈魂發揮療癒的作用。

對決

信賴孩子的可能性，讓孩子靠著自己靈魂的作用痊癒，聽起來充滿優點，但我也必須說，這個過程伴隨著極大的危險性。舉例來說，假設我們一直對拒絕上學的青少年懷著期待，從旁守護著他，如果他逐漸恢復精神還好，但他有時也會說出「我想離家出走」之類的話。雖然我們可以感受到存在於離家出走這個行為背後的意志，然而如果他真的離家出走，發生危險的機率也會大幅提高。不過，我們能夠阻止他離家出走嗎？如果輕易地阻止他，可能會摘除他好不容易萌生的獨立意志。輔助者就是要像這樣被逼到絕境、陷入苦惱，才能幫助孩子成長。如果以為自己輕鬆就能帶給孩子幫助，那就想得太美了。「守護」是一件很辛苦的事。

有一位大學生前來接受心理諮商。他說自己不僅不想念書，做任何事也都提不起勁。他來談過幾次之後，開始敍述對父親的不滿，抱怨自己的父親有多麼冷淡，不僅幾乎不與他這個讀大學的兒子說話，不管兒子做什麼也都漠不關心，覺得只要給兒子錢就夠了。諮商師充分理解大學生的心情，覺得他很辛苦。但某天，大學生對諮商師提出要求，希望諮商師能夠到自己家裡想辦法說服父親，但諮商師拒絕了，表示做不到。大學生聽了之後非常生氣，對諮商師很不諒解，覺得諮商師也是無情的人，嘴巴上說得一副好像很懂他的樣子，在自己有需要時卻什麼都不願意做。但諮商師依然堅決反對他的要求，他也只好氣呼呼地離開。然而後來，這位大學生卻能正面批判父親冷淡的態度。父親雖然又驚又怒，但父子終於能夠彼此說出真心話，而這也成為雙方關係好轉的契機。

人與人之間有時需要這樣的「對決」。我不能說諮商師這時採取的態度絕對正確。在某些時候，即使是諮商師，也應該去見個案的父親比較好。但諮商師只有在認真面對個案時，才能當場感受到「就是這個」的答案的存在。這個例子中的諮商師遵循自己內心的聲音，堅決拒絕去見大學生的父親。而這位大學生對諮商師的強烈指責，恰好也能直接用在自己的父親身上。他把這時的對決當成墊腳石，幫助自己與父親對決。這個情況下，諮商師最笨的回答是「我懂你的心情，但是……」這種看似合理的拒絕方式。因為看似合理的答案，會因為說得太對而讓對方只能默默退下。輔助者如果變成「好孩子」，會讓對方無法採取任何行動。只有像「堅決反對」這種諮商師把自己的存在都賭上去的回答，才能讓對方做出某些反應。筆者在第三章的例子（九〇頁）中，就基於完全相同的道理，給出「妳做的事情是錯的，不需要理由」的回答。

有一位父親相當苦惱，不知道該如何面對在家裡施暴的兒子。他聽說另一位父親讓在家中施暴的兒子重新振作，於是去請教那位父親的經驗。那位父親說，他最後是光著膀子與兒子較量，結果兒子從此之後就變好了。這位苦惱的父親心想自己也能試試這個方法，便光著膀子叫兒子放馬過來，結果卻被兒子打得倉皇而逃，反而更被兒子瞧不起，讓他十分困擾。雖然這兩位父親做的事情是相同的，但一邊是走頭無路後自然發展出的方法，另一邊卻是仰賴他人提供的方法，就這點來看，兩者完全不同。前者是真正的對決，後者卻完全缺乏對決的態度。所謂的對決不只是自己與對方的對決，如果沒有在自己的心中也嚴格執行，就不是真正的對決。孩子有能力可以直觀而準確地判斷對決的真偽。

背叛

想要幫助他人的人，不可能沒有經歷過背叛吧？最典型的例子如下。有一位再三犯下偷竊與離家出走的高中生，他的家庭也很不幸，導師同情他，讓他住在自己的宿舍裡，和他一起生活，於是他彷彿變了一個人似的，品行變好了。就在導師因為其他老師的稱讚而沾沾自喜時，這位學生又再度偷了導師的薪水離家出走。各位聽到這樣的例子有什麼感想呢？或許會覺得面對不良少年時，果然不能大意？

事實上，這樣的事情經常發生。而這個例子中，也有許多值得思考的部分。我首先想到的是，這位導師是否得意忘形了呢？當他把這名學生當成自豪的話題，表示這名學生是因為自己的收留、指導才變好時，這名學生會怎麼想呢？他或許會覺得老師對自己這麼好不是因為愛，而是想要利用自己，既然如此，自己就要讓老師好看。他會這麼想也不是不可能的。

或者也可以這麼想。這位學生在不幸的家庭中長大，應該屢次遭到父母背叛吧？每當他覺得這次應該會順利的時候，父母又會再次背叛他。他或許想讓將自己視為親人的導師，透過親身體驗了解他的悲傷與痛苦。他或許要傳達：「老師，你很生氣吧？有的人會變得可恨吧？這樣的事情我一路走來，已不曉得經歷過多少次了。」

又或者可以這麼想，導師太過熱心，因此他也配合老師當一個好孩子。但是仔細想想，人的改變需要一定的時間，他為了配合導師的步調太過努力，這時或許想要休息一下。他或許想說「老師，你太急了，我們放慢速度吧！」

我試著把想到的原因寫在這裡，可能這三個原因都是正確的，但也有可能都是錯的，還有其他原因。重要的是，不能立刻就斷定青少年的行為是「背叛」，而是應該試著將這個行為當成溝通的手段，去思考孩子想透過這個行為傳達什麼訊息。這麼一來，就能知道接下來該怎麼做才好，也能懷著期待與他見面。即使孩子暫時失去身影，只要我們懷著期待等待，他一定會再次來到我們面前。

仔細想想，如果一、兩次的關切就能讓人重新振作，事情未免太過容易。孩子一再反覆類似的行為，在過程中逐漸改變，才是理所當然的常態。把這樣的反覆當成「背叛」，或許應該說是輔助者的傲慢。

第五章

大人與孩子

我想，各位閱讀到此，應該能夠大致理解「轉變成大人」是怎麼一回事，以及為何成為大人在現代是件難事。本章做為全書的總結，除了再一次提出大人到底是什麼的問題外，也會試著思考以大人的身分生活在現代的意義。

01 大人到底是什麼

在未開化的社會中，大人與孩子有顯著的區別，而孩子可透過成年禮的制度化儀式成為大人。如前所述，進入近代化的社會後，我們開始尊重每個人的個性與自由，並以社會的進步為目標，所以廢除成年禮儀式是必然的結果。

成為大人這件事，變成每個人必須自己去負責，也因此，人開始遭遇困難。孩子與大人的界線變得模糊，就連給「大人」一個明確的定義都有困難。我在前面已說明過自己的想法了，在此，我想試著以統整這些想法的形式，再重新思考一次。

各個層面的大人

長大成人這件事，可以從生理、社會、心理等各個層面來考量。就生理層面來看，當身體成熟、生殖系統能夠發揮功能時，即可稱得上是大人。或從法律觀點來看，法律上規定二十歲就算成人，必須為自己的行為負責。然而，很多人雖從生理面與法律面來看都已是不折不扣的「大人」，但是從社會面與心理面來看，卻還沒有長大。這兩者的落差，導致了現代人的痛苦。

成為社會意義上的大人，譬如有工作，能夠自己養活自己，在社會上能不能稱得上是大人呢？這點或許依然令人存疑。換句話說，一個人能不能稱得上是大人，看的應該是他對於我們社會的維持與發展帶來多少貢獻，就這點來看，現在的大人或許還有許多不足的地方。關於這點，隨著社會複雜化，大人肩負的社會義務反而變得不明確，即使不去特別思考和社會的關係，姑且還是可以當個符合標準的社會人士，這可說是現代人的特徵。而在未開化社會中，每個人對其在社會中應盡的義務反而更明確。

社會允許現代大人對它的怠慢，但電腦的引進等等，又使對人的系統化管理無所不在，因此我們一方面得到了前所未有的自由，但另一方面又被逼入幾乎沒有自由的狀況。就這些點來看，我想，我們有必要重新考慮成為大人在社會層面的意義。

關於心理層面的問題，到目前已說明地很詳細了。我想各位透過說明也能清楚理解，心理上的自立是極為困難的事情。不過有一個重要的觀念，就是不能把自立與依賴當成完全對立的兩個概念。我在前面提過，自立不是孤立，因此我們甚至可以反過來說，只有能夠適當依賴的人，才能自立。青少年時期對自立的追求屬於直線式的，換句話說，多半會忘記自立的背後仍有依賴在支撐，這點必須好好留意。

孩子為了成為大人，有時候必須放棄某些事物。單純的放棄只會阻礙個人的成長，但人類有時候也必須了解自己的極限。這雖然很遺憾，但也莫可奈何。單純的放棄與成為大人的放棄之間的差別在於，後者的情況有深刻的自我肯定感在支撐。譬如自己知道自己的極限在這裡，所以就放棄吧；或者因為難以同時兼顧兩者，只好選擇其中之一；亦或是，放棄難以開花結果的戀情等等。當然，放棄有時候也會讓人陷入痛苦與悲傷。但是，透過這樣的過程成為大人的人，能夠從中產生深刻的自我肯定感。

輔助、指導青少年的人必須清楚了解這點。人不可能什麼都會，有時候也會知道自己的極限，了解自己無法做哪些事。這時候，我們不能只靠著這些做不到的事情來評斷一個人。有些人不會念書，有些人怎麼也無法好好跟人說話……，但最重要的是，站在指導立場的人心裡必須很清楚，即使一個人有許多缺點，這些缺點也與他本身的尊嚴無關。青少年透過與形形色色的人建立人際關係，即使認知到自己的無能，也不至於陷入自我厭惡，而能夠逐漸長成出色的大人。

我在前面提過日本人與西方人的比較，有時候即使就日本標準來看屬於大人，就西方標準來看卻還沒長大（反之亦然）。兩相比較，我覺得很有意思。未來將變得愈來愈國際化，因此也愈來愈有必要從這個觀點來思考長大成人這件事。不過，如前所述，如果要把討論擴大到這個層面，就會變成沒有範本可循，長大成人的問題也會更難解。但也因此，這也可說是一個極有意義的工作。

世界觀

所謂的成為大人，指的是一個人擁有可做為依據的世界觀。大人身為獨當一面的人，能夠以自己的方式看世界。或者也可以說，他們能夠讓「自己」這個存在，巧妙地融入世間，找到一個容身之處。再稍微深入思考長大成人這件事，也會觸碰到「自己」這個存在到底從哪裡而來、要往哪裡去的問題。當在家施暴的孩子對父母怒吼「你們為什麼要生下我」的時候，聽起來雖像是語無倫次的指責，但我們也可以這麼想，他其實是在對父母提出「人類到底從哪裡來，又要往哪裡去」這個最根本的問題。這個孩子正在尖銳地質問父母：「你們覺得滿足了我的食衣住，就算盡到父母的責任了嗎？」「至今為止，當我在建立自己活下去所需的世界觀時，你們又為我做了什麼？」

當一個社會的所有人共享一個佛教的世界觀、儒教的世界觀，或是根據民族信仰打造的世界觀時，不太會有這樣的問題。因為這些世界觀，已闡述了人與世界的關係。但隨著近代自然科學發達，很多自然科學的知識，都與這些宗教的世界觀教給人們的概念不一致，因此人心逐漸與宗教的世界觀分離。但事實上，自然科學雖然是強而有力的學問，卻無法回答人類從哪裡來、往哪裡去、我們為什麼會存在於這個世界上等這些最根本的問題。

自然科學雖破壞了宗教的世界觀，但另一方面，也建立了以某種意識形態為基礎的世界觀。根據這個意識形態建立的世界觀理論完整、具說服力，吸引了許多年輕人。但我想，只要對照一九七〇年代以來的世界情勢，一般人也能逐漸了解，由意識型態建立的烏托邦是多麼虛偽。當我們仰賴意識型態時，可以在理論上清楚地判斷何為善何為惡，它能夠吸引年輕人是理所當然的。但是，現代的年輕人也開始察覺，這種建立在理論上的出色判斷，在某些方面必須把現實擺在一邊才能辦到。

在難以長大成人的現代，過於理想化也是孩子的一種特性。當某種宗教或意識形態給予人們統一的世界觀時，人們可以根據其脈絡成為大人，而大人的定義也相對明確。但如果這個也不行、那個也不行，青少年到底該仰賴什麼才可以呢？他們可說是無所適從。就這點來看，對現代年輕人來說，長大成人真的很困難，我們大人必須了解這個事實。

如果很難將一個意識型態視為絕對正確，那我們該怎麼做才好呢？我在討論日本與西洋的問題時，已給出間接的答案（一三一頁）。現代人必須擁有的世界觀，不是仰賴某個意識型態的單一層次世界觀，而是更多層次、更動態的世界觀。現代大人的世界觀，必須具有綜觀整體的視野，是真正名符其實的「觀」。這個視野並非參照單一標準來判斷善惡，而是必須找出連乍看之下屬於「惡」的都包含在內的，可以建構出整個世界一般的「觀」。由於這是個很辛苦的過程，因此我認為所謂的大人，與其說是擁有明確世界觀的人，還不如說，那些不依賴既有範本，決定建立自已世界觀並持續進行這個過程的人，才應該被當成大人。

男性與女性

所謂成為大人，指的是男性成為男性化的大人，女性成為女性化的大人。生而為男或生而為女是一個人的宿命，人類必須接受自己的性才能成為大人。然而我也必須指出，男人與女人各是怎麼一回事，已讓現在的我們陷入混亂與疑問的漩渦。關於這點，現代青少年都經歷過成為男性大人或女性大人的困難，之所以如此，就是因為他們缺乏明確的範本。

如果要正面討論男性與女性的問題，一整本書都不夠。因此，我只稍微提一些現在日本青少年必須直接面對的課題。

男性與女性在生理上有明確的差異，因而在人類存在的基礎上有差別，這是事實。然而，以這種生理上的差異為基礎建立的所謂男性化與女性化的概念，多半受到文化與社會的影響。因此，學者為了區分兩者，將前者稱為性（sex），至於後者的要素則稱為性別（gender）。近年來重新考察性與性別的趨勢，變得十分明顯。現在已有一些人認為，性別差異的存在是不合理的，人應該過自己想過的生活，不應該被這樣的事情困擾。不想被傳統刻板印象中的男性化、女性化的概念綁住，想要活出自己人生的人，最近急速增加。

就人類的心理面來看，男性在相當程度上具備女性化的一面，而女性也在相當程度上具備男性化的一面。真要說起來，兩者的內心可說是都具備了兩性互換的可能。然而自古以來，男性被培養出所謂男性化的個性與生活方式，女性也被培養出所謂女性化的個性與生活方式，在生活中將兩者合在一起，是極為困難的事。各位或許會想到，有創造力的生活方式之一，就是雙性化人格的生活方式，但要做到這點也很困難。因為我們不得不考慮到，如果想要採取這種生活方式，也會遭遇沒有範本可循的狀況。

現在，察覺到存在於自己心底深處「內在異性」的女性比男性更多。因為我們建立了姑且算是男性占優勢的社會，若女性不想在社會中居於人下，就必須開發自己內部的男性要素。這件事情，從現在很多女性上大學，也可以看出。但這時候，女性必須注意不能讓正在開發的異性要素，凌駕於自己原本的性。凌駕的現象除了這點之外，也會發生在其他狀況下，雖能夠發揮強大的效果，但一般來說無法長久。事實上，凌駕現象結束時，女性會陷入痛苦。

我們的社會雖然是男性占優勢的社會，但如前所述，比起主張自己，日本更推崇體貼他人的生活方式。日本的男性學習到的是盡可能壓抑自己的意見，並與他人協調的態度，甚至壓抑到讓孩子受不了而想靠暴力來表達自己的程度。但女性在成長過程中，卻很少學到這樣的日本態度，因此年輕女性在職場上有時會不考慮他人就提出自己的主張。其他男性雖然了解她們的做法在某種意義上是正確的，但站在維持日本式整體平衡的觀點，卻無法予以支持，所以只好對她們的主張視而不見。當女性發現自己的主張明明正確卻遭到忽視時，會以為自己因為身為女性而受到輕視，結果更加地再三強調自己的主張，使得周圍的抗拒也變得更強。職場上經常見到這樣的惡性循環，反反覆覆。

到此為止，我已經做了許多說明，根據這些說明可以發現，日本男性還有很大的機會遵循既有框架成為大人，女性則必須考慮前面說明的這些狀況，因此對她們來說，成為大人似乎變成更重大的課題。單純遵循既有框架成為大人，對女性來說無法服氣，但是想要打造出新型態的大人，又不存在單純的範本可循。男性就「對他者的體貼」這層意義來看，能夠培養出廣義的母性，但女性卻無論如何都得被迫接受「順從」這個狹義的母性，以這樣的形式「成為大人」，是日本過去採取的方式。

現在的日本試圖針對這點大幅反省，以培養個人的方式進行教育，但男性出乎意料地守著舊有的方式，相對之下女性雖揚棄了順從——至少在知識層面——但在以自我主張影響他人方面，卻很少接受必要的訓練，因此她們會在日本母性化的男性群體中，以突兀的形式做出男性化的主張，與整體格格不入。男性之所以會反對這樣的女性，並不是因為輕視女性，而是因為無法接受她們男性化的主張。這麼一想，我們就不得不思考在現代的日本社會中，女性成為大人是怎麼一回事。

長大成人原本具有各種面向，就生理面來看，女性如同前述，能夠在個人的、自然的力量下經歷成年禮，因此以這點來說，女性比男性更容易成為大人。然而，當我們想的是成為真正的現代大人時，對女性而言也並非平坦大道。但人生正因為如此才有意義。

02 具創造力的人

創造性最近獲得特別高的評價。一個人既然出生在這個人世間，我們就會希望他創造出些什麼新的東西。所謂的成為大人，或許也可說是將某種這類新的事物帶到人類的世界。但所謂的「創造」，也不僅止於發明、發現，或是創作出偉大的藝術作品。我前面提到現代人沒有範本，因為沒有範本，而能夠摸索出自己的生存方式，也是一種創造吧？換句話說，我們的人生就是一種創造的過程。

想像力

創造需要想像力。我們能夠透過在心中描繪出各式各樣的想像，探索創造中事物的可能性。但想像力不能只是滿足願望的幻想。帶來創造的想像力，與立刻消逝的幻想，兩者的差異在於傾注多少心的能量上；前者需要耗費相當程度的心的能量。但這兩者原本就難以明確區分，後者虛無飄渺的幻想，有時也會提高前者的創造力。

青少年時期尤其是個充滿想像力的時期。而且現在是沒有範本可循的時代，最適合發揮自己的想像力。但實際上，現代青少年反而應該說缺乏想像力吧！想像力的枯竭，將許多青少年逼到「無感」的境地。這到底是怎麼一回事呢？

造成青少年想像力枯竭的原因之一，或許就是物質上的富足。只要看看父母給孩子的玩具，就能清楚了解我的意思。現在的玩具做得極為精巧，價格也高。由於父母陷入可以用玩具的價格來衡量自己對孩子的愛有多深的錯覺，往往會給孩子高價的玩具。精巧的玩具確實製造得很好，但孩子的想像力能夠介入的餘地反而變少了。遙控器只能遙控使用，但是在物質缺乏的時代，一根棍子可以變成各式各樣的玩具，可以變成刀，也可以變成魔杖，其形態就隨著孩子的想像力而改變。此外，孩子也需要發揮創意，才能在玩具數量不多的情況下開心玩耍。

父母給孩子大量的高價玩具，就像是一種公害，汙染了自然存在於孩子內心的想像力的寶庫。不只玩具，來自外部的大量資訊，也會妨礙想像力的發揮。而且，孩子竟然必須記住那麼多的既定知識！我們從外部塞了太多的東西給孩子，導致他們失去捕捉想像力這種內部資訊的能力。生活在物質富足時代的父母，必須好好注意這點。

大人心中的孩子

想像力是創造的泉源。但有些人認為想像力太過孩子氣，沒有價值。但這個「孩子氣的部分」，正是成為創造泉源的部分。在此，我們將大人與孩子做個比較，試著再一次重新思考。相較於孩子的不穩定，當大人太強調穩定性時，這個穩定就會帶來停滯。換句話說，如果孩子覺得大人就是日復一日只重複固定的事情，有些孩子會以為大人就是這麼無趣，所以「不想成為大人」。的確，如果像這樣單純區分大人與孩子，那麼有孩子不想成為大人也就是理所當然。

然而，如果像是至今為止所描述的，考慮到走在創造過程上的大人，事情就不會如此單純。上面這段話或許可以這麼解釋：所謂真正的大人，就是心中還留有孩子氣的人。這裡所說的孩子，指的是不把世界上的一切視為理所當然的那種，而是能對各種事物都懷著疑問，並且能夠發揮想像力。譬如看到杯子，不會只把杯子當成杯子，會試著去想這個杯子搞不好會說話，或者如果杯子在天上飛會發生什麼事等等，只有能夠這麼做的大人，才是真正的大人吧！換言之，即便長大成人，我們也不應該扼殺住在自己心中的孩子，而是讓他活下去。

話雖如此，大人心中的孩子該怎麼活，恐怕是相當難解的問題。如果內在孩子的力量太強，不管看到什麼都只是發揮想像力，就無法執行大人的義務。但如果內在孩子的力量太弱，所有的一切都變得理所當然，就會失去創造力。

青少年時期處在大人與孩子的交界處，正是個既想要早點變成大人，又想永遠當個孩子，因這樣的矛盾所苦惱的時期。這時候，如果告訴青少年，成為大人並非完全放棄孩子的特質，想要成為真正的大人，反而應該將孩子的部分好好保留在大人心中，他們的心情也會變得很輕鬆吧？而保留孩子的部分，與永遠當個孩子當然不同。

有個名詞叫做創造性退化。所謂的退化，指的是人的心理呈現像是回到兒童時期的狀態，變得完全沒有行為能力，會做一些愚蠢的幻想。退化嚴重時，甚至會出現幼兒般的心智，看起來就像生病一樣。因此，退化一開始只被當成是一種病態，是用來說明各種精神障礙的名詞。然而，如果仔細觀察極富創造力的人，就會發現當創造活動變得活躍時，就會產生退化現象。當然，在這之前他們會有意識地進行大規模的探索活動，但退化會在疲乏時發生，而平常想不到的新發現就會在這時萌芽。為了將這些新的發現轉換成確實有用的創造，他們必須再次進行有意識的活動。但無論如何，由於最根本的發想是在退化時發生，因此這種現象就稱為創造性退化。

如果以前述的方式說明創造性退化的現象，似乎可以說是大人試圖與自己內在的孩子接觸，在與孩子的對話中掌握線索，並再次透過大人的智慧將其實現的過程。由此可知，大人心中的孩子實在是很寶貴的存在，所以也必須反省，現在的教育是否太急著讓孩子盡快變成大人了。我們是否奪走了孩子的想像力與玩心，過早將大量大人的知識塞給孩子呢？這麼做反而會無法培養出真正的大人。

03 個性的發現

所謂過著創造性的人生，也許能換句話說，就是發掘自己的個性。發掘個性說起來簡單，做起來卻很難。尤其生活在像日本這種必須隨時考慮旁人觀感的地方，很容易迷失自己的個性。長大成人時，如果過度考慮如何去配合既有的系統，就不易發現自己的個性所在。

喜歡的事情

某位高中生偷取運動用品被抓到，父母帶他來接受諮商。這個孩子是第一次偷竊，加上已表現出深刻反省的態度，因此沒有演變成嚴重的事件，很快獲得原諒。但他的父母還是很擔心，因此前來諮商。尤其是這個運動用品體積較大，偷竊立刻被店裡的人發現，讓人看在眼裡不禁推想，他是不是為了被抓才偷竊的。他的父母擔心他是不是精神有問題。

我跟他聊過之後立刻就懂了。他的父母都是音樂家，家裡有很多親戚從事音樂相關職業。他本人也會演奏樂器，而且演奏得相當好，但是與其他兄弟姊妹相比仍然不夠好，如果想成為職業演奏家，似乎稍嫌不足。我從他偷的東西是運動用品得到線索，探問之下，他說自己喜歡那種運動，但與音樂相比，運動很沒文化，實在很難開口跟父母說自己想從事那種運動。

每個家族有可稱之為「家庭文化」的特質，並根據這樣的文化，發展出其獨特的價值觀。以這個家族來說，他們在無意間論定音樂具有絕對價值，但運動則沒什麼價值的價值觀。相反的，也有些家庭會建立對運動評價較高的「家庭文化」吧！這位高中生雖然生在這樣的音樂家庭，卻沒有那麼高的音樂天分，但他依然在無意中遵循家中的文化學習音樂，並且也達到相應的程度，只不過他心底深處懷著對學音樂的「抗拒」，並藉由偷竊家庭文化中評價較低的運動用品，對愛好音樂的家庭文化升起批判的狼煙。

後來，他在與父母討論之後，決定放棄音樂。他把喜歡的運動當成興趣，但並沒有要成為職業選手的意思，不過，他找到了自己適合讀的科系，並朝著那條路邁進。無論如何我們可以這麼想，這位高中生透過從事喜歡的運動，讓因為勉強學音樂而遭到壓抑的心靈作用活化，找出一個適合自己的方向。

我在前面提到，人類如果被迫接受來自外部的資訊，原本具備的內部資訊就會受到壓抑，對某項事物抱持「好感」，就是最具代表性的內部資訊。無論如何，人都應該盡可能從事自己喜歡的事情，雖然它或許不會立刻帶來一條自己應該走的路，但多半能夠如前面的例子所示，藉此開拓出一條通往自己個性的道路。

筆者以諮商師的身分與青少年見面時，多半會問他們有沒有什麼喜歡的事情。因為無論對方喜歡什麼事情，這件事當中都包含了來自他內心的資訊。每個人提到自己喜歡的事情時，都會變得很熱衷。如果我們也認真聽他說話，就能透過這樣的對話加深彼此的關係，並且逐漸了解這個人存在著什麼樣的可能性。舉例來說，如果有人說他喜歡下將棋1，或許我也會與他下一盤。懦弱的人或許能透過象棋逐漸發揮攻擊性，但我也會不認輸的反擊，在這樣的過程中，那個人在其他情況下也能發揮堅強的意志，以解決問題。雖然說是諮商，也不需要總是在對話。

不過，有些青少年聽到我問他喜歡什麼，會回答「騎機車漫無目的的狂飆」、「打柏青哥」，甚至還有人回答「吵架」。即使是這種時候，我也會認真地問他們為什麼會喜歡這件事。其中有些人回答時帶著半開玩笑的心態，但因為我問得太過認真，他們很快就投降了。話說回來，當我聽到青少年回答喜歡飆車時也很困擾，但我會讓自己同時置身於「如果他太亂來會很困擾」的心情以及「同理這位青少年只有這個樂趣」的心情當中，雖然自己分裂成兩部分，但去冒個險，透過這樣的過程看看是否能產生建設性的方向，也是我們諮商師的任務。

在兩極化當中

一邊是「加入飆車族是不行的」，另一邊則是「同理不得不加入飆車族的年輕人的心情」，支持任何一邊都很容易。的確，飆車族很不像話是事實，但另一方面，也必須充分理解除了騎車奔馳之外人生別無他法的年輕人的狀況。處身於這樣的情境，是很辛苦的。如果我對青少年說我能理解年輕人的心情，就必須承受要不要試著與他們一起飆車的壓力。或許也會遭到青少年的母親責難：「老師是在支持我的兒子做壞事嗎？」但如果我誠實面對這兩者，在兩者交相攻伐中努力度過，解決方法就會出奇不意的到來，而這位青少年的個性、諮商師的個性或是那位母親的個性，才能好好的展現出來。個性這種東西，不是埋頭苦思就能發現，必須置身於自己的人格幾乎要

1 譯註：類似象棋的一種棋藝。

分裂的情境中，才會主動浮現。

青少年明明知道飆車族是「惡」的，為什麼還要做呢？這是因為現代的青少年不知道在無數的兩極化中該如何生存，唯有經過這樣的苦戰，才能成為有個性的大人。此外，他們也知道，飆車是兩極化的一種代表。如果各位回想至今為止的描述，會發現我們已看過許多兩極化，譬如自立與依賴、日本與西洋、男性與女性、孤獨與連帶等等。這些兩極化的任何一方都可以是「好」的。只要把其中一方當成是「好」的，就可以建立單純明快的人生觀與理論，並根據這樣的理論「成為大人」，事實上這樣的大人也很多。

但是，現代的年輕人之所以會覺得長大成人很難，就是因為無法絕對仰賴這種單一層面的人生觀或意識形態。很多自古以來視為絕對的事物、價值，如今已不再絕對，這樣的事情孩子已知道太多了。在這樣無限的相對化當中，青少年為了避免活得「無感」，不得不親自投身於兩極化的戰場，從中學習生存。我們大人必須率先徹底完成這個過程。

人生當中存在著許多兩極化。如果能夠不輕易判斷善惡，勇於置身其中，並決意對結果負責，這樣的人就可說是長大成人了吧！這些兩極化就像是鍛煉我們的鐵錘與鐵砧，讓我們在痛苦當中捶打出個性。

後記

我在寫這本「轉大人的辛苦」時，應編輯的希望，我深入淺出，自由地寫出自己的想法。我以心理治療師的身分接觸許多個案時，尤其當個案是年輕人的時候，經常會想，如果他身邊的人能夠對他的痛苦多一點同理就好了……。雖然說要同理，但如果像本書中所寫的一些案例，太過寵他，反而會帶來反效果。

總而言之，出版社邀稿的內容剛好是我平常想說的話，於是我很開心地接下這份工作，摩拳擦掌，著手書寫。然而開始書寫後，才發現「大人到底是什麼」的主題出乎意料困難，再加上我也反省「自己到底算不算得上是大人呢？」所以寫得很不順暢。不過，多虧了這本書，給了我一個很好的反省機會。

現代社會變動激烈，我已無法再將大人當成一個靜止的概念，寫下「該怎麼成為大人的方法」。為了思考「長大成人」這個說起來單純的事情，必須回頭重新思考本質。因此，讀者或許會覺得本書寫到了一些「總覺得不必那麼深究」的內容，但我認為，假使不如此，怎麼也無法解決問題。因為這個緣故，本書雖然寫得平易好懂，但內容方面可能變得有點難，這也可說是反映了現代青少年「轉大人有夠辛苦」吧！

如果各位讀者能夠以本書為契機，想出一條透過自己的思考、自己的力量成為大人的路，那就太好了。親子共讀、師生共讀，並且互相討論，或許也會很有趣。我在寫這本書時，主要是對著父母、教師發言，但我想這本書即使給年輕人閱讀也有意義。

我也想對岩波書店編輯部的山田馨、柿沼正子兩位編輯表達感謝之意，謝謝你們給了我這麼有趣的題目，並在本書製作時給了我許多幫助與鼓勵。

一九八三年七月
河合隼雄

〔補論〕

母性社會日本的「永恆少年」

母性原則與父性原則

人類心裡有許多相對立的原則在運作，其中父性原則與母性原則的相對存在，對人類來說非常重要。因為一般認為，這兩個對立原則的消長，創造出不同的社會與文化的特性。雖然筆者身為一名臨床心理工作者，頂多只以個人為對象，對個人進行心理治療，但我經常覺得，個案的內心反映了他所處的社會與文化的樣貌。日本急速增加的拒絕上學症，或者可說是日本特有的對人恐懼症1的例子。我在接觸這些個案時，深刻感覺到他們的背後，帶有日本母性原則的特質。對這些個案來說，自我確立的問題占了很大的比重，但可以想見，這個問題本身就源自於深植日本的母性原則。

附帶一提，我偶然接觸了松本滋的「父性宗教與母性宗教」[2]的理論，當我知道他從宗教學專家的立場，得到與筆者相同的結論時，覺得非常耐人尋味。身為臨床心理學家，我對於自己的想法與宗教專家一致感到開心，但我的論點與松本的論點也有微妙的差異。關於這些差異，將在以下的論述中逐次闡明。

母性原則透過「包容」機能來展現。所謂的包容，就是將所有的一切，無論好的壞的都包含在內，在這當中，所有事物都擁有絕對的平等性。「只要

1 參考河合隼雄〈自我・羞恥・恐怖〉，《母性社會日本的病理》中央公論社，一九七六年收錄。

2 松本滋，〈父性的宗教與母性的宗教——日本文化傳統的觀點之一〉，《UP》，一九七四年八・九月號。

是自己的孩子」，母親都會平等地給予疼愛，這與孩子的個性或能力無關。

但是母親不允許孩子擅自離開自己的跟前。這麼做既是避免孩子遭受危險，也可說是不允許破壞母—子一體的基本原則。有些時候，母親甚至會吞噬自己的孩子，動物的母親真的會這麼做。由此可知，母性原則從肯定面來看，是一種生產、孕育的概念，但從否定面來看，卻具有吞噬、束縛、致命的一面。3

如果這樣的說明太過單純且抽象，思考時可以再試著加上榮格描述的三種母性本質的面向，應該會變得稍微具體一點。4他提出的母性本質包括慈祥的養育、瘋狂的情緒性、黑暗的深沉。這裡所謂「黑暗的深沉」，展現出一視同仁的、無區別的平等性，以及吞噬一切的恐懼。至於瘋狂的情緒性，則展現出如同古希臘戴奧尼修斯（Dionysus）教團所舉行的儀式那樣，所有一切皆歸平等、遵循自然趨力的行為。

相對的，父性原則則展現出「切割」機能的特性，也就是將所有的事物都切斷、分割。父性將事物分成主體與客體、善與惡、上與下等不同的類別。相對於平等對待所有孩子的母性，父性則根據個性與能力將孩子分類。若說得更極端一點，母性依循「我的孩子全部都是好孩子」的原則，養育所有的孩子；相對來說，父性則依循「只有好孩子才是我的孩子」的原則，給予孩子不同的鍛鍊。父性原則就像這樣同時具有兩種面向，雖然展現出能夠打造出堅強事物的建設面，但若切割力太強，也會反過來導致破壞。

這兩種可說是相對立的文化，在世界上現實的宗教、道德、法律等根本當中，展現出某種程度的融合，又以其中一方占優勢，另一方受到壓抑的狀態存在。筆者與松本滋一樣，認為日本具有母性原則優勢的傾向。直接展現出這點的例子如下，這是某位三十多歲男子的夢。[5]夢有時會栩栩如生地展現

---

3 關於母性的這種兩面性，參考E.Neumann, *The Great Mother*,1955。

4 榮格，〈母性原型的心理學觀點〉，出自《榮格全集》卷九、第一部分第82頁。

5 詳細內容參考河合隼雄〈潛意識的世界——夢分析〉，《創造的世界》16號、一九七四年。

藏在人類心底深處的傾向。

有一位女性，她的兩個姊姊似乎是被某個強壯的男人搶走，甚或被殺害了，而這個男人也企圖前來侵犯她（像某些民間故事那樣的活人獻祭）。我與某個人（似乎是哥哥）想要一起保護她。但是，那個男人過來的時候，我們了解到他太強了，即使跟他戰鬥也是白費力氣。於是我（雖然是男性）決定代替她。我一邊躺下來，一邊感到身為女性的悲哀。

這裡省略對這個夢的詳細解釋，只談談讓我印象最深的一點，那就是做這個夢的男性，在夢中選擇的不是戰鬥，而是試圖透過屈服來拯救一個人。而且，他甚至為了救人而成為女性。

我在得知這個夢時，腦中立刻浮現西鄉信綱指出的親鸞聖人在六角堂閉關時所做的夢。6 救世觀音在親鸞聖人的夢中顯靈，告訴他：「若汝今生果報為女犯，我便成女身受犯，一生仔細侍奉，臨終時引你往生極樂。」

即使聖人的劫數是女犯，菩薩也願意化身成女性受犯，甚至最後還引導聖人往生極樂，可說是透過徹底的包容來救濟。女犯的行為不被當成善惡的問題，依然能夠獲得拯救。相對的，基督教則是以父性原則為基礎的宗教，明確主張信徒只有遵守與神之間的契約，才能獲救。

《聖經・馬太福音》第十二章中，明確地描述了耶穌否定血緣上的母親的情節。耶穌正在對眾人說話時，他的母親與兄弟站在外面，想要與耶穌說話。有人告訴耶穌這件事時，耶穌說：「誰是我的母親？誰是我的兄弟？」並且告訴門徒說：「凡遵行我天父旨意的人，就是我的弟兄姐妹和母親了。」或者《路加福音》第十一章中，也有如下的記載。某個女人大聲地對耶穌說：「懷你胎的和乳養你的有福了！」但耶穌卻回答他：「是，卻還不

6　西相信綱，《古代人與夢》，平凡社，一九七二年。

如聽神之道而遵守的人有福。」西洋的文化就像這樣，建立在對母親的強烈否定上。這樣的耶穌形象，與前面的菩薩形象，展現出鮮明的對比。

人類的心裡，存在父性與母性這兩種相互對立的原則，我也一直強調，日本的精神傾向，應該是母性原則占優勢，但這在目前的社會狀態中，有著什麼樣的意義呢？接下來將試著簡單說明。

倫理觀的混亂

現代日本的社會狀態中有許多混亂，根據筆者的見解來看，父性的倫理觀與母性的倫理觀相剋，一般人在這樣的狀態中，無法判斷應該以何者為準則。此外，人們也試圖從他處找出混亂的原因，卻因此混淆了問題的本質，這兩者是造成混淆的最大因素。因此，現在甚至可說是日本「長」字輩的人受難的時代。換句話說，這些長輩沒有確信可做為準則的框架，因此不知道該如何處理「來自晚輩的壓力」，並陷入困惑當中。

在以母性原則為基準的倫理觀當中，母親賦予孩子絕對平等的價值。換言之，母親給予的，是她提供「場」（編按：此處的「場」，意指「自己人的圈子」，處於「場」中的人會做出各種權宜，以維持「場」的平衡運作）中維持平衡的最高倫理。如果母性倫理也可稱為「場的倫理」，那麼根據父性原則建立的倫理觀，就應該稱為「個體的倫理」，此倫理對於個人欲望的滿足以及個人的成長，附予相當高的價值。

我們試著以交通事故的場合為例來思考。假設加害者承認自己的過失，前往探望被害者，兩人之間就形成了一個「場」，被害者也不會要求加害者支付賠償金，因為這樣做會危害到他們之間的平衡狀態，加害者甚至會發怒：「我都這樣認錯道歉了，你竟然還跟我要錢……」日本人可以接受這樣的情感，但西方人絕對無法理解。對西方人來說，加害者既然認錯了，就有責任支付與過錯相應的罰金，而被害者也可以主張正當的權利。但是在「場」的倫理當中，所有的人都有責任，因此被害者也必須負擔一部分的責任。日本人缺乏責任感常被當成問題，這或許是因為我們將個人的責任與

「場的倫理」混為一談，或是將兩者調換。

話說回來，如果加害者在發生事故時為自己找藉口，我們就會判斷他與被害者不在同一個「場」當中，那麼就可以徹底追究他的責任。換句話說，在日本，是否屬於同「場」成為決定一切的要因。只要「進入這個場」的狀況，甚至會得到超越善惡判斷的救濟，但在「場」之外的人屬於「無關的他人」，對他們做什麼都無所謂。

我在這裡雖然用「超越善惡判斷」來表達，但事實上，這是因為「場的倫理」基本上就是將「是否屬於這個狀況」，做為倫理判斷的基準。而且，就算在狀況內說「我們用善惡來判斷吧」，也會因為判斷基準不同而沒有討論的價值。

在「場」之內，所有的一切都沒有明顯的區別，一切都是灰色地帶。但「場」的內與外，卻如黑與白一般明顯對立。常有人認為日本人的心性特徵是曖昧模糊的，但相反的，也有人指出日本人具有兩極化的傾向，這兩種心性是矛盾的，從上述觀點來看，應該能充分理解吧！

由於「場」之內與外的對比太過明確，若兩者之間的敵對情緒產生，就會變成絕對的對立，稍有妥協都會被視為惡。然而在「場」之中必須以妥協為前提，大家建立一體感，透過難以言傳的感情結合，讓一切都變得模糊一致。

這只是以交通事故為例，但現在的日本，這兩種倫理觀在各式各樣的局面中混淆不清，可說許多麻煩都因此而起。而助長這些麻煩的另一個要因，或許是以下提到的狀況。「場」之內的所有成員都會被排序，這是維持平衡狀態的權宜策略。換句話說，當「場」做為一個整體的進行決策時，如果每個成員都爭取自己的需求，平衡就無法維持，因此必須透過依資歷順序發言，來避免這種情況。

這裡最重要的是，確立成員的資歷順序，完全源自於維持平衡狀態的原則，並非源自於個人的權利與能力。如果將這種特殊的狀態視為社會構造，就會成為「縱向社會」（譯按：タテ社会，命令與服從的關係）的人際關係，中根千枝已完全闡明了這點，[7]我雖然沒有什麼需要補充的，但我有時在與學生討論時，發現他們經常誤用「縱向社會」這個名詞。換句話說，他們使用「縱向社會」這個名詞時，指的是透過權力由上而下統治的構造。這和「場」的狀況完全是兩回事。

在縱向社會中，下位者必須聽從上位者的意見。而在「場」中，這些下位成員必須在合理的判斷下壓抑個人的需求，因此往往會被誤以為是下位者的需求受到權力者的壓制。然而，上位者多半是基於責任，為了維持狀況的平衡，才會做出這樣的決定，就算是他們自己本身，也經常必須壓抑自己的需求。

於是，所有日本人都為這種被害者意識所苦，這真的是一件很奇妙的事。下位者哀嘆自己成為上位者權力的犧牲品，但上位者也哀嘆年輕人的自我中心，所有人都有強烈的被害者意識。但事實上，所有日本人都是「場」的觀念之下的被害者。因此，目前的日本可說是陷入大家都沒有發現的「場」所加害，並彼此互推責任，試圖拱出加害者的狀況。

將「場」的結構當成權力結構的人，為了反抗而脫離原本的集團，會創造一個新的集團。若根據他們的主觀，這將是一個反權力或是追求自由的集團。但因為沒有建立前述的認知，他們的集團又為日本創造出一個新的「場」。而且他們為了與原本的集團對抗，必須提高這個集團的凝聚性，於是，這個「場」集團的內部壓力，不得不變得比原本的集團更強。因此，這個以「革新」為目標的集團，既必須採取極為保守的日本集團結構，就會產生類似以下這種矛盾：批評大企業的縱向社會，並離開創業的人，卻建立了獨裁經營也同時是強力縱向社會的小公司。

或者，即使在年輕人的要求下，在絕對平等觀的母性基礎中，混入主張個體權力的父性原則，因此事情就會變得很複雜。在遵循「場」的倫理時，必須要有把一切都交給上位者的態度，才能加入這個「場」；但如果要遵循個體的倫理，就必須培養負起個人責任與遵守契約的態度。可是，在兩種倫理觀之間穿梭，完全不是辦法。

7 中根千枝，《縱向社會與人際關係》，講談社，一九六七年。

「場」與個體的倫理問題永遠討論不完，而且也會重複許多學者在日本人論中闡述的論點，因此關於這個問題，就討論到這裡。但最後我想再舉出一個典型的、現代日本混亂的例子。

這個例子是從指導青少年的人那裡聽來的。他向吸食松香水的青少年詢問他們的體驗，這些青少年說，他們看到觀音菩薩的幻覺，並且透過這個幻覺，與同伴一起陶醉在難以言喻的一體感中。

換句話說，就青少年從事社會禁止的松香水吸食來看，他們的行為可說是反社會或反體制，但他們追求的卻是一種在本質上回歸母性的體驗，這正是自古以來支撐日本社會的文化。

類似的事情隨處可見，這也是反體制的嘗試很容易就碰壁的原因之一。會發生這種事情，可說是日本人最後依然難以脫離母性原則，無法根據父性原則確立自我。接下來，我將試著以這樣的意義來思考自我確立。

自我確立的神話

以父性原則確立自我的過程，可透過各種方法來掌握與記述。筆者接下來將說明艾瑞克．紐曼（Erich Neumann，一九〇五～一九六〇）的理論，他是榮格的高徒之一，其理論與筆者到目前為止的論述密切相關。在此，我暫且不詳細說明榮格的集體潛意識學說，但簡單來說，榮格假設人類的潛意識深處，存在著人類共通的集體潛意識，並且認為神話與傳說，就是人們將存在於集體潛意識中的原型以意識掌握，所展現出的表象。

話說回來，在人類的發展過程中，是以神話來展現可稱得上是其發展階段原型的概念，因此紐曼在他的著作《意識的起源史》中，也以體系化的論述，來掌握堪稱人類意識發展史的神話。[8]他發表的內容，被評為神話研究的

8　艾瑞克紐曼，*Ursprungsgeschichte des Bewusstseins*，一九四九。英譯書名*The Origins and History of Consciousness*。

全新見解，筆者在此試著簡單介紹。

許多開天闢地的神話，都有渾沌狀態的描述，而意識與潛意識尚未分離之初，也是這種混沌狀態。紐曼指出，此狀態的象徵性表現，就是存在於古代的銜尾蛇符號。銜尾蛇符號是由一隻咬住自己尾巴形成圓環的蛇來表現，這個符號除了存在於巴比倫、美索不達米亞、諾斯底主義（Gnosticism）等之外，在非洲、印度、墨西哥等地都可以看到，幾乎遍布全世界。近年來，日本知名歷史與人類學家大室幹雄提出一個有趣的理論，他認為中國古代的銜尾蛇與老莊的象徵主義世界有所關聯。[9]這個象徵形成一個頭與尾、孕育的事物與被孕育的事物未分化的圓環，很適合表現出最原始的潛意識世界。

自我在這個如銜尾蛇一般未分化的整體當中萌芽時，世界以大母神的形態展現。大母神的形象在全世界的神話中都占有重要地位。其形象在本篇補論的開頭，就以母性原則的描述體現。對於剛萌芽的脆弱自我來說，世界呈現出兩種面向，一方面反映出養育自我的母親；但另一方面也反映出吞噬剛出現的自我，讓自我退回原本混沌當中的恐怖母親。

如果要舉出日本大母神的例子，前面提到的託夢觀音菩薩，就是包容、孕育一切事物的形象之一。至於吞噬一切的恐怖大母神形象，則有連牛與牛車都能吞噬的山中鬼婆，或者也有像鬼子母神那種，如實呈現大母神的兩面性。

在大母神中成長的自我，就這樣在下一個階段中體驗了父與母、天與地的分離，或是光與暗、晝與夜的分離。這個分離的階段，相當於神話中天與地的分離，或為黑暗帶來光明的故事，但在這裡指的是意識與潛意識的分離。換句話說，這是具備「切割」功能的父性原則首度運作。這時的自我，除了將意識與潛意識分開之外，也開始學習將事物分成晝與夜、男與女等等。

人心的發展階段，在這時迎向劃時代的變化。這個變化透過所謂的英雄神話展現。這時誕生的英雄，可想成是從潛意識中分離出的意識獲得自立，

9　大室幹雄，〈古代中國的歷史與時間──老莊的象徵主義序論〉，《思想》一九七四年八月號。

並以人格化的方式展現。英雄神話的存在遍佈全世界，其值得注目的基本架構，包括英雄的誕生、擊退怪物、獲得寶物（女性）的主題。

佛洛伊德將這個擊退怪物的橋段還原成解釋為伊底帕斯情節，已廣為人知。但榮格卻反對將這樣的神話還原成個人父子的亂倫關係，他認為應該將這裡的怪物，理解成母性原型與父性原型的象徵。換句話說，擊退怪物具有弒母與弒父兩個面向，這時的弒母不是殺死有血緣關係的母親，而是與吞噬自我的大母神戰鬥。他將這裡的戰鬥解釋成自我與潛意識力量對抗，以獲得自立的過程。

至於弒父則是與文化社會規範的戰鬥。自我為了真正自立，不但要對抗潛意識，也必須掙脫文化上一般概念與規範的束縛。他認為，自我只有經歷過這種危險的戰鬥，才能獲得自立。

最後的結尾通常是英雄與被怪物抓走的女性結婚，就如同英雄柏休斯的故事所展現的典型一樣。這個結尾所代表的意義，簡單來說，就是自我經過弒母與弒父的過程，主動與世界分離，藉此獲得自立，最後以一位女性為媒介，與世界重新建立關係。這不是像銜尾蛇那種未分化的混沌關係，而是確立的自我與他者所建立的新關係。

以上是我試著為自我確立的神話所做的、極為簡單的描述，但看到這裡會讓人產生一個疑問，那就是無法完成弒母的人會變成什麼樣子呢？關於這點，榮格派的人以「永恆少年」（**puer aeternus**）這個原型來解釋。

永恆少年

「永恆少年」指的是奧維德對古希臘厄留西斯祕密儀式中的少年之神——伊雅克斯的稱呼。[10]

厄留西斯的祕密儀式，是一種死與重生的儀式，建立在大母神狄蜜特

10 C.G. Jung. Symbols of Transformation, *The Collected Works of C.G. Jung*, vol.5, p.340.

（Demeter）與其女兒普西芬妮（譯按：也另名科瑞〔Core〕）的神話上。有人認為，這個儀式也可比擬成以母性大地為懷抱的穀物在冬天枯萎、春天萌芽的現象，而這時登場的「永恆少年」伊雅克斯，展現出的就是穀物反覆死與重生的形象。永恆少年在尚未成人之前死亡，並在大母神的子宮內重生，再次以少年的姿態出現在這個世界上。永恆少年絕對不會成人。他是英雄、是神之子、是大母神的聖子、是惡作劇的妖精（trickster），但又無法完全成為上述任何一個角色，是一種不可思議的存在。

永恆少年試著以英雄的姿態急速上升，但在某個時間點卻突然開始落下，被吸入母性大地之中。原本應該死去的他，以新的形態重生，並再次試著急速上升。如同希爾曼（James Hillman，一九二二～二〇一一）[11]指出的，這些永恆少年的主題是「上升」，並具有在現實上與水平方向拓展的時空連結薄弱的特徵。這種永恆少年的原型，存在於所有人的潛意識深處，如果與這樣的原型合而為一，就會成為名符其實的「永恆少年」。

生存在現代社會的「永恆少年」，有時也會來拜訪我們心理治療師，而榮格的徒弟之一，瑪麗─路薏絲．馮．法蘭茲（Marie-Louise von Franz，一九七五～一九九八），對這些人做了出色的側寫[12]：永恆少年在適應這個社會時出現了某些困難，但他們覺得如果為了適應社會而扭曲了自己的特殊才能很可惜，因此會告訴自己，不需要適應社會，而是無法給予自己適當空間發揮的社會才有問題。總而言之，他們想來想去都覺得適當時機「尚未」到來，自己「尚未」找到真正的機會，總是處在「尚未」的狀態。

但在某天，這些少年開始嘗試急速上升的時機突然到來。他們或許會試圖發表偉大的藝術作品，或是為了拯救全世界而奮起。他們這時展現出的敏銳靈感或強大氣勢，有時會讓人讚嘆，但可惜的是，缺乏持續性是他們的特徵。他們這時不害怕危險，因此經常會被以為是勇敢的人，但事實上，在其

11 J. Hillman, "Senex and Puer," *Eranos-Jahrbuch XXXVI*, pp.301-360,1968.

12 M-L. von Franz Puer Anteruns, 1970.

背後發揮作用的是回歸大母神子宮的願望，他們有時甚至會依循這樣的願望迎向死亡。

稍微機敏一點的少年雖然能夠免於死亡，但總而言之在突然落下後，會暫時持續無為的生活，之後在某一天，又突然採取全新的形態上升。他們或許會今天研究馬克思、明天研究佛洛伊德，展開令人眼花撩亂的活動，但這些活動的特徵是彼此之間沒有連續性（參考圖3）。

這裡描寫的雖然是個人的行動模式，但話說回來，日本社會的整體行動不也與之相似嗎？筆者在討論浦島傳說時，也稍微提到「永恆少年」的原型在日本的文化背景中發揮強大作用[13]，但在此我想再深入討論這點。

日本人擅長引進他國文化，是眾所公認的事實。日本人能夠很快地將源自於外國的思想與藝術輸入，並使其成為「流行」。但轉眼間，一時上升的流行思想又突然落下失去蹤影，接著又有新的流行誕生。

歐美的思想與藝術等，就像這樣看似四處林立，但當每個藝術與思想穿過日本大母神的子宮時，又都會被日本化。這與《日本人與猶太人》（*The*

Japanese and the Jews）的作者班德桑（Isaiah Ben-Dasan，一九一八～）提到的，日本的宗教只有日本教的說法也有關係吧！[14]

日本就像這樣，同時具備經常改變、總有新變化的傾向，以及完全不變的基礎。換句話說，如果要問日本的文化現象哪裡值得矚目，可以說變化非常激烈，也可以說完全沒有變化。

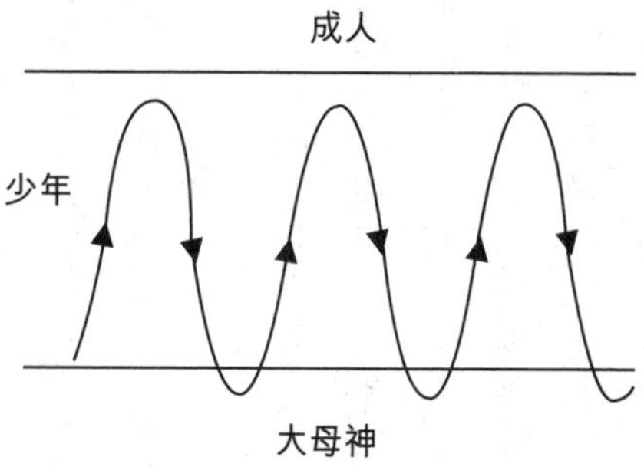

圖3　永恆少年的模式

13 參考河合隼雄〈浦島與乙姬〉，《母性社會日本的病理》，中央公論社，一九七六年收錄。

14 伊薩亞．班德桑，《日本人與猶太人》，山本書店，一九七〇年。

當永恆少年以大母神的絕對平等觀為基礎展現上升傾向時，所有日本人都會無視於能力差異的存在，相信無限的可能性，試圖向上爬升。日本的縱向社會結構就在此形成。

然而，如果以母性原則與父性原則的觀點來看縱向社會，根據母性原則打造的社會就如同印度的種姓制度一樣，在階級形成之初，社會上就存在著「接受者」。這時候就如同中根所指出的15，即使是下層種性的人，也能藉著一輩子停留在「接受者」的位置，來避免嘗到競爭失敗的慘痛，並能採取穩定的生活方式。

對此，基於父性原則打造的社會，就如同西方的近代社會一般，雖然允許上升，但也有強烈的「資格」限制，而且這樣的上升建立在能力差異與個人差異的前提上。因此，在歐美社會中，每個人必須了解自己的能力，背負自己的責任，藉此取得地位。日本人恐怕難以理解這種社會的嚴峻吧！

就這點來看，日本的社會不屬於任何一種。前面雖然一直提到日本是母性原則占優勢的國家，但這裡嚴格來說，日本應該是以母性原則為基礎的

「永恆少年」型社會。關於這點最後會再試著探討，在此先從成年禮的觀點，來看日本人無法長大成人，而變成永恆少年這件事。

成年禮

未開化社會中存在著成年禮（通過儀式）。成年禮原本以殘酷、珍奇吸引文明人的注意，但現在已被確認是具有深刻宗教意義的儀式。少年透過忍耐成年禮儀式的苦行，以及接受關於社會傳承的口頭教育，使自己在宗教上、社會上的地位產生決定性的改變，進入成人的世界。對傳承社會的人來說，所有的一切都發生在神的時代，只有被允許加入這個神聖的世界，才能真正長大成人。

15　中根千枝，注7所載之書。

然而近代人就如同伊利亞德指出的16：「與傳承社會相比，近代人所擁有的嶄新性，正是把自己交給承認自己屬於純粹歷史性存在的決意上，以及在根本上非神聖化的宇宙中生活的意志上。」因此「近代世界的特色之一，就是消滅具有深刻意義的成年禮儀式」。由此可知，我們近代人所擁有的世界觀，雖然認為人類社會總是在進步、成長，但為了擁有這個世界觀也失去了重要的事物。換句話說，近代個人很難像未開化社會那樣，可以透過本源性的體驗，自覺自己「變成」大人。或者就社會角度來看，也必須承受永恆少年增加帶來的問題。

然而，這個應該消失的成年禮，卻在近代人的潛意識中延續生命。榮格派的心理分析師逐漸發現，對個人來說，到了在某個成長階段就會上演自己的成年禮。舉例來說，如同榮格分析學家韓德森（Joseph L. Henderson）提出的許多事例所示17，很多人都在夢中體驗了「弒母」、「弒父」、「死與重生」等等，並透過這樣的體驗成年。

若將這點運用於思考日本人的自我確立，日本的年輕人為了確立自我所經歷的成年禮，是什麼樣的體驗呢？他們為了尋求父親而東奔西跑，遇到的卻都是母親。而且他們自己陷入無法與母親分離的狀態，並因焦躁而做出欠缺思考的行動。原本應該在內心進行的、死與重生的成年禮祕密儀式，卻突然變成外顯的行動，落入自殺或他殺的事件中。年輕人雖然為了追求改革而流血，卻無法連結到必須完成的新自我的重生，最後變成大母神的犧牲品，無法帶來任何本質性的改變。

現代社會缺乏成年禮儀式，這可能會對社會、教育帶來極大的問題。觀察年輕人的行動，就會發現他們沒有足夠的力量獨自上演個人的成年禮，話雖如此，就現狀而言，也不存在社會制度上的成年禮，因此他們或許會在潛

16 伊利亞德，堀一郎譯，《生與再生》，東京大學書版會，一九七一年。

17 韓德森、河合隼雄、浪花博譯，《夢與神話的世界》，新泉社，一九七四年。

意識中為了尋求成年禮而四處奔走。於是，他們即使在缺乏這種自覺的情況下，做出追求根本體驗的行動，最後也無法昇華成儀式，只能落入「事件」當中。新聞炒得沸沸揚揚的流血事件，多半可以理解為以失敗告終的成年禮儀式。

這麼一想，就能讓我們年長者反省，自己應該想辦法努力幫年輕人將難得的潛意識希求，發展成更高層次的思考。他們的「死」並非倒退回大母神當中，而是應該因重生而與成人連結，我們必須思考如何參與、規劃這樣的儀式。

母親與戀人

關於自我確立的神話，如紐曼所描述的伴隨著「弒母」的自我確立，對我們來說是非常困難的事情。自我的自立傾向與企圖將其吞噬的母性之間的矛盾，經常以夢中戀人與母親的矛盾展現。以下是一個典型的夢。[18]

我正在愛撫美國女友。這時母親突然闖入。我知道母親眼睛瞎了之後，感受到強烈的悲傷。但同時我也擔心母親是否發現我與女性在一起。

這是某位單身東方男人所做的夢，這個夢讓他聯想到自己故鄉的民間故事。故事中有一對年輕男女想要結婚，卻一直無法辦到，最後他們雖然得以成婚，但母親卻瞎了。

在這個夢中，母親的眼盲反而讓他迴避了戀人（而且是美國人）與母親的矛盾，並如聯想到的民間故事所暗示的一般，成功結了婚，但他們母子也不得不承擔母親眼盲的悲傷。像這樣透過迴避死與對決的方式形成的自我，

18 河合隼雄，《榮格心理學入門》，培風館，已經於一九六七年發表。本書中將其與歐洲人的夢比較討論。

其形態還是與西方人的自我有很大的差異。

夢中母親的眼盲，也可以想成是藉由不去「看」（也就是「知道」）兒子的狀態來保持和平。這麼一想，讓人不由得想起伊底帕斯王。他徹底追求自己想「知道」的真相，並在得知一切後詛咒自己的命運，刺瞎自己的雙眼。伊底帕斯的強烈悲劇性，與這個東方眼盲母親故事中的深刻悲傷，正描繪出東西方的對比。

眼盲暗示了黑暗的世界。為黑暗的世界帶來火光，就像是為黑暗的母性世界帶來父性一樣，成為許多神話的重要動機。然而，希臘神話的故事是普羅米修斯這位英雄從神之處偷來火種，日本的故事卻是由名為伊邪那美的大母神產下火，而且自己也因此被火燒死。母性之神透過自我犧牲將火產下的神話，可以想成是母親透過自己眼盲，讓孩子獲得幸福婚姻的主題的原型。相較之下，希臘則透過一位英雄對神的反叛獲得火種，但普羅米修斯也因此必須遭受嚴厲的懲罰折磨。

從伊底帕斯王與普羅米修斯故事中感受到的殘酷，讓人聯想到成年禮試煉的殘酷，就這點來看，日本人能夠說自己經歷了成年禮儀式嗎？

日本人的自我

說明到這裡，最後筆者必須表明自己在「自我的確立」中感受到的強烈兩難。實際上，本篇文章的最後，筆者也可以感嘆日本人的自我確立尚未完成，並在強調弒父、弒母的必要性後擱筆。或者應該說，這麼做結論也較明快。

然而，筆者的實際感受卻不允許自己這麼做。舉例來說，我們不可能去評斷前述伊底帕斯與眼盲母親的故事「孰優孰劣」吧？事實上，到此為止的討論，都順著以西方的父性原則為基礎的自我確立進行，因此發展到最後，看起來好像是在強調日本人的自我有多麼不成熟。但舉例來說，美國一直以來確立的都是父性的自我，而且如同榮格屢屢強調的，就連「國家」都與歐洲分離獨立了，但美國人的自我又如何呢？美國有許多人罹患學校恐懼症，這個現象就是其自我的典型缺點。日本也有許多學校恐懼症的案例，雖然兩國的煩惱都是「母性」的問題，但型態完全不同。美國最大的問題在於如何找回至今過度不管孩子的母性，但日本煩惱的問題卻是該如何與至今接觸過多的母性分離。筆者避開關於這點的詳細說明，單就美國的狀況來看，他們也充分感受到與母親分得太開的自我的危險性。關於這點，筆者在前面說明永恆少年時，曾指出日本的社會就像存在於父性原則與母性原則中間的永恆少年，但這是西方觀點的看法，真要說起來，這種理解方式帶有否定的意味，果如不然，則觀點會是一八〇度的轉變，或許可將日本社會的結構，想成是平衡、有彈性的結構吧！

日本人試著將自我建構在父性與母性兩種文化上的平衡時，該去尋找什麼來支撐乍看之下模糊不清的自我呢？在此，我們跟著紐曼的例子，試著把目光轉向奠定日本人自我基礎的日本神話。

本文開頭介紹的松本滋曾說過，日本的文化屬於母性原則，他表示：「如果要我舉例來說，我認為可以將日本神話中最重要的神——天照大神（譯按：為女神，因此也稱「天照女神」）的神格，當成這種基本價值傾向的原型

（prototype）。」[19]的確，天照大神的神話，與前面稍微提過的希臘厄留西斯祕密儀式有共通的地方，很多研究者都指出，大母神狄密特的形象與天照大神的形象有類似性。[20]筆者前面雖然也就日本文化屬於母性原則展開議論，但在這裡卻不能直接支持這樣的論點，因為天照大神屬於太陽神，是首先應該注意的事情。

西洋象徵主義中，國王—太陽—天—右—（意識）被認為是父性的代表，皇后—月—地—左—（潛意識）則被認為是母性的代表，就這一連串的組合來看，天照大神的形象是兩者的混和，沒有明確屬於任何一方。她從父親的左眼出生，月讀神則從父親的右眼出生。此外，松本表示，天照大神給人的印象與其說是審判、發怒、懲罰之神，還不如說是原諒、包容之神。但

19 松本滋，註2所載之論文。
20 譬如，吉田敦彥，《希臘神話與日本神話》，美鈴書房，一九七四年等。

在素戔嗚尊登上高天原時，她身著男裝，手持弓箭，強而有力地踏在高天原入口，「發出勇猛叫喊」守在那裡的姿態，又該如何說明呢？這時天照大神的形象與其說像是狄密特，還不如說更接近雖然同是女神，卻身穿鎧甲，邊發出上陣殺敵般的叫喊，邊從父親頭部出生的雅典娜。這麼一想，天照大神的形象就不能單純看成是母性原則的展現。

接著再思考與天照大神對抗的素戔嗚尊，他的存在有什麼意義呢？素戔嗚尊因思念母親而哭喊，與母親有強烈的連結，關於這點又該如何理解呢？關於這些堆積如山的問題，必須從至今為止闡述的這些觀點，對日本神話做一個總檢討吧？[21] 關於這些問題，留待日後再詳細討論，在這裡筆者想再稍微補充一些基本的論述。

如果思考素戔嗚尊的神話，尤其如果搭配大國主的故事來思考，會發現其神話完全滿足前面提到的、紐曼的自我確立的神話流程，這是非常耐人尋味的。但如果將天照大神當成主流，素戔嗚尊就是反主流。話雖如此，當一個文化驅逐異文化時，一般來說具有徹底破壞其古老神話的傾向，[22] 但像素戔嗚尊這樣的反主流神話不僅被留下來，而且還被融入並編成新的神話，這樣的事實不是更應該珍惜嗎？換句話說，這就是為什麼日本的神話可以視為父性原則與母性原則之間的巧妙平衡。

討論到這裡，筆者感受到的兩難，也就是父性自我的確立所伴隨的功過問題，可以得到如下的結論。那就是，日本人的自我中薄弱的父性原則，其必要性將隨著今後逐漸頻繁的國際交流而增加，就這點來想，父性原則薄弱

21 筆者在榮格研究所取得分析師的資格時，討論過這個問題。H.Kawai, *The Figure of the Sun Goddess in Japanese Mythology*, 1955. 河合俊雄等人譯，《日本神話與心的構造》，岩波書店，二〇〇九年。

22 舉例來說，南阿拉伯想像中的太陽神原本是女神，但在蘇美文化入侵後，完全被迫放棄了這個神話，現今已經無從得知其內容。S. H. Langdon. "Semitic," *Mythology of All Races*, vol. 5, 1931.（首度發表示在一九七五年四月。《河合隼雄著作集10　日本社會與性別》，岩波書店，一九四四年收錄）。

依然是個問題。而現在日本社會的混亂，也將隨著這種觀點的導入，整理得更有條理，減少無用的誤解與紛爭。

在此，我們雖然應該更努力確立父性原則，但並非單純認為西方模式就是好的。確立父性原則的同時，不失去與母性的連結也很重要。關於這點，日本神話的獨特結構，對於開拓第三條路來說，不只帶給日本，也帶給全世界出乎意料耐人尋味的提示。

〔解析〕

社會邁向成熟，我們更要小心退化成兒童

土井隆義／筑波大學人文社會系教授

前田敦子的不安與自信

前田敦子曾是偶像團體ＡＫＢ４８的核心成員，她在粉絲人氣投票總選舉中獲得第一名時，曾在某報專訪中說出下列這段話：「即使製作人叫我做主唱，我心裡依然不安，心想為什麼是我。但在粉絲們投票給我之後，我終於覺得自己有資格站在這裡了。」

她口中的製作人，是催生ＡＫＢ並一手將其打造成國民偶像的秋元康。

即便秋元康認為前田敦子有做為主要成員的資格，依然無法帶給她自信，她的不安在贏得粉絲票選後，才終於消失。前田敦子吐露了這樣的心聲，應該能讓讀者實際感受到粉絲的評價五花八門，即使是名製作人秋元康也無法統整。

對ＡＫＢ的成員來說，秋元康是神一般的存在，她們會滿懷尊敬的稱秋元康為老師。既然如此，我們也可以試著將這樣的關係，代換成學校老師與學生之間的關係吧？對今日的學生來說，老師的肯定無法為自己帶來莫大的自信，同學的肯定反而具有壓倒性的份量。前田敦子的話，讓人覺得有這樣的含意。

學校的老師過去是體現社會價值觀共識的存在，所以來自老師的評價能夠成為學生莫大的自信依據，它相當於獲得社會認可。但是，今日的價值觀過於多元化，從中得到共識很難。在五花八門的價值觀中，老師只能體現極小部分，相對的，同學的評價就變得愈來愈重要。比方說，只有相當於粉絲評價最大公約數的票選結果，才能成為前田敦子的自信來源一樣。

在成熟社會中生存的困難

在現代社會中，成為大人到底是怎麼一回事呢？長大成人可能有許多定義，但本書強調的，是習得相對價值的力量。

如同本書所說，「我們很容易將事件以絕對的善或惡來論斷，並依此採取行動」（二六頁），但這不是大人應做的事情。「人生當中存在著許多兩極化。如果能夠不輕易判斷善惡，勇於置身其中，並決意對結果負責，這樣的人就可說是長大成人了吧！」（一八一頁）。

如果不輕易判斷善惡，並學會從相對化的觀點看事情，是成為大人的條件，那麼不強迫人們接受特定的世界觀，容許各種價值觀並存的現代社會，就可說是大人的社會了吧？因為無論是在AKB總選舉這樣的活動中博得人氣，還是前田敦子從中找出自信的根據，都顯現出在現代社會中，已無法光靠特定價值觀就可屹立不移。

那麼，生活在這種成熟社會中的青少年，應該更容易滿足成為大人的條件吧？事情沒有那麼簡單。一般而言，經常有這樣的說法，社會愈成熟，個人就愈難成熟，這是因為在成熟的社會中，只讓孩子在富足的環境中備受寵愛地長大，是不行的，高度發展的社會對市民的要求也會變高。只靠著學會「讀書算數」，的確很難在現代社會中生存下來。

但是，理由不只如此。根據本書所寫，這當中存在著更本質的問題。現代青少年之所以難以成為大人，是因為在價值觀多元化的現代社會中，「無法絕對仰賴這種單一層面的人生觀或意識形態。自古以來視為絕對的事物、價值，已不再是絕對。這樣的事情孩子已知道太多了」（一八〇頁）。

現代人就如同上述，不得不生活在無止盡的相對化當中。所以即使接受高度教育，獲得高度能力，滿足成為市民的功利條件，還是很難成為大人。這就是為什麼「很多人雖然以生理面與法律面來看都已是不折不扣的『大人』，但從社會面與心理面來看，卻還沒有長大」（一五八頁）。

性的早熟化與晚熟化並存

有人認為，現今有奇妙的事情圍繞著青少年的性發生。一部分的人邁向性的早熟化，但同時也有另一部分的人走入性的晚熟化。本書指出，「現代卻對性解放做出膚淺的解釋，使年輕人的觀念傾向於性關係一點也不可怕，想要盡早擁有性經驗」（九五頁）。如果青少年擁有如同上述一般的傾向，那麼逐步進入性的早熟化也是當然的，但同時「與從前相比，現代男女的存在方式正逐漸改變，青年男女不知道該如何與彼此相處，性關係出乎意料地伴隨著困難」（九三頁），若真是如此，相反地走入性的晚熟化也不足為奇。

現今的性早熟化與晚熟化，乍看之下，表面上是相反的現象，但這兩種現象其實擁有相同的根源。若借用本書的說法，這只不過是「關係的層次，會隨著與哪種程度的精神性相關而改變」（九六頁）罷了。在價值觀的多元化發展中，性解放也逐漸普及，導致那些不大追求精神性的年輕人邁向性的早熟化，但追求精神性的年輕人卻反而進入晚熟化。由於性的自由度增加、逐漸解放，年輕人反而不知道該以什麼為依據建立關係。

這種性的晚熟化的傾向，進入二十一世紀後稱為「年輕人的草食化」，並且被媒體炒得沸沸揚揚。

根據統計，在二〇〇〇年之後，擁有性經驗的高中生與大學生的比例，無論男女都有下降的趨勢。另一方面，中學生當中則顯示出些微上升的傾向，因此我們可以這麼說，雖然在精神性介入較少的階段，年輕人的朝著性早熟化邁進，但另一方面，在追求精神性的年齡層，則有較明顯的晚熟化傾向。

這樣看來，現今性的晚熟化，或許可以反映出青少年成為大人有多麼困難。青少年雖提早在生理上成為大人，社會也有容許如此，但心理上卻難以長大，因為他們已不大拘束於單一層面的人生觀。

本書撰寫的時間雖然是一九八三年，但當時寫的內容，依然足以處理現代的狀況。

青年的改革意志與穩定意志

不過，本書出版後，時代精神也持續的加速改變，因此，如果將本書是為現狀分析的書，有些部分會讓人覺得有點過時。舉例來說，本書中有下列這段描述：「青少年時期，無論如何都會自內部產生強烈的變動，追求創新、變化的傾向增強也是理所當然。甚至極端來說，青少年時期的初期歡迎任何形式的改變，即使這樣的改變可能導致事態惡化。至於『大人們』喜歡的穩定，是他們最難忍受的。如何將這種追求強烈變化的願望，帶進社會——這個某種程度上已定型的系統——之中，是青少年時期的課題」（一四〇頁）。

上個世紀的青少年，或許確實如本書所說的，懷著強烈改變的願望。但是，現代的社會不僅價值觀混亂，也流動愈來愈大，以致本世紀的青少年反而因為失去基準，而感受到強烈的困惑。尤其在所謂的新自由主義席捲日本之後，青少年的這種傾向似乎變得更加明顯。

日本青少年研究所以高中生為對象進行調查的結果顯示，回答「與其改變現狀，還不如全盤接受現狀活得更輕鬆」的高中生，在一九八〇年時只有百分之二十五左右，到了二〇〇二年時增加到大約百分之四十二，到了二〇一一年時則增加到大約百分之五十七，比例超過一半。當大家感受到社會「在某種程度上屬於完成的系統」時，或許新加入的人就想尋求新的改變。但是，如果大家感受到社會是一種「隨時流動的系統」，新加入的人反而會想尋求穩定的基準。

近年來網路普及，各式各樣的人都能超越時間與空間的限制，彼此連結。但現今青少年對於網路強烈依賴，並非沉迷於與這些異質他者間的連結，他們沉迷的，反而是與同學或鄰居等身邊的同質他者間的連結。因為網路可以讓類似的同伴更容易超越時空的限制，隨時保持聯絡。

社會朝著流動化發展，善惡的標準也變得曖昧。在這樣的情況下，現今的青少年只想和能夠分享共同價值觀的對象建立關係，他們透過把自己關在這樣的世界中，確保價值觀的穩定與增強。這樣的世界裡，有他們追求的、黑白分明的絕對基準。前面提到的性晚熟化，或許也能站在這樣的觀點重新理解。因為無論是友人還是戀人，只要認識新的人，並加深與對方的關係，自己的生存方式也會被迫改變。

緊密的羈絆中隱藏的危險性

根據本書，不輕易判斷善惡，培養相對化的眼光，是長大成人的條件。若真是如此，在著現代社會能容納各式各樣的價值觀，並逐漸發展成熟，成為一個「大人的社會」之時，生活在其中的個人，卻反而比以前更幼稚化。因為從他們的心態中，可以看見追求單一化價值觀的傾向。

話說回來，本書不愧是經典，因此就連這種關係中隱藏的危險性也確實提及。書中指出：「這種與朋友之間的連帶感，如果只是替代雙親，本質上就會十分接近母子的一體感，反而會阻礙青少年成長」（一一六頁）。因為在這樣的情況下，更容易「分享陰影」。

本書是這麼寫的：「朋友關係建立在各種要素上。如果只把眼光擺在關係緊密這點，會發現有些關係看似非常好，卻妨礙了彼此的成長」（一一九頁）。分享陰影的關係中，也很有可能包含這樣的部分。因為「陰影必須克服，但我們為了排解直接面對陰影時的痛苦，會建立分享陰影的人際關係，有時透過不理會自己的陰影，將別人當成笑柄，攻擊別人，來誇耀『堅定的友情』」（一一九頁）。

本書接著這麼寫：「每個人都有陰影、脆弱的一面，如果不與他人建立分享陰影的人際關係，就會痛苦到難以活下去。但我們不能總是滿足於那樣的關係。當我們想要改變時，就會體驗到……甚至想要斬斷友情的孤獨感，但這種孤獨感將成為接下來產生新的連帶感的契機」（一二〇頁）。因此「所謂的長大成人，可說必須能夠忍受孤獨，也必須與各式各樣的人建立連帶關係」（一一五頁）。

同樣的概念也適用於親子關係。本書中，介紹了一位因為自己的孩子出現問題行為而前來諮商的母親，她說了一段令人印象深刻話：「原本以為觸手可及的孩子，好像去到了不管我把手伸得多遠，都無法企及的另一個世界」（二七頁）。對此，本書提出這樣的建議：「透過切斷與修復的不斷反覆，反而能使親子間的繫絆變得比以前更深刻。如果父母過度繫絆子女，往往會使雙方的關係變成限制對方自由的工具。深刻的繫絆，是給予對方自由的同時，也相信彼此仍然能夠相互依靠。但是，我們為了讓繫絆變得更深刻，必須經歷將其切斷的悲傷體驗，並且努力超越暫時的悲傷」（二九頁）。為了改變繫絆的質，將其切斷也是必要的。朋友關係也好、親子關係也好，拘泥於繫絆緊密性所帶來的危險都是一樣的。

個體的倫理與場的倫理之混亂

如果透過這樣的觀點重新檢討現今社會，就會發現退化成兒童的不只青少年。「不理會自己的陰影，將他人當成笑柄，攻擊別人，來誇耀『堅定的友情』」，本書的這段記述讓人聯想到的現象之一，或許就是霸凌吧？那麼，被稱為大人的我們，面對霸凌問題時，該採取什麼樣的態度才好呢？

自一九八〇年代以來，日本認定的霸凌案件數量，每隔幾年就會陷入一個循環。一開始是受害學生的自殺使得案件數量急速增加，過了一段時間之後開始減少，但又會因為發生某個事件而開始增加。因此，這個數字與其說是反映霸凌的實態，還不如說是反映認定方的態度。一般來說，案件數量增加時，人們很容易認知到這是因為霸凌受到更多關注的緣故，但相反的，在案件數量減少時，卻往往會產生這個數字剛好反映出實態的錯覺。

之所以會有這樣的想法，可能的原因之一是自負。我們認為自己為了控制霸凌問題而展開撲滅運動，並且企圖將案件數量減少當成自己努力的功勞。但是，霸凌現象真的因為這樣的運動而減少了嗎？我聽到這種運動時，反而覺得噁心。因為我從中感受到的氣氛，與產生霸凌現象的「場的力學」性質相同。

本書指出：「我們在批判他人時，往往會依賴知識，因此很容易運用記在腦中的西方思維……然而一旦要『活用』，『身體』就容易陷於根深蒂固的習性，變成採取日本式的行動。從『養育孩子』這點來看，我們不也應該反省，自己在養育孩子時的基本態度，是否在不知不覺中採取日本做法的同時，又根據知識採取西方做法呢？」（一三〇頁）。

「撲滅霸凌？我才不做這麼無聊的事呢」如果眼前出現這種態度漫不在乎的孩子，我們大人該如何反應才好呢？「你在說什麼啊，大家必須一起把這個運動炒起來才行吧！」有些人或許會強行要求所有的孩子團結一致。如果借用附加在本書最後補論的用語，那就是我們實施教育時，在知識層面主張西方式的「個體的倫理」，但在實踐的層面卻以「場的倫理」為優先（一九一頁）。然而，這種「必須與周遭所有人和睦相處」的同儕壓力，正是潛藏在霸凌根源的態度吧？

本套書的《孩子與惡》詳細介紹了霸凌對策有多荒謬，請各位讀者也務必一讀，在此節錄這本書中的一段記述：「大人說霸凌是『惡』。但是在孩子們的社會裡，『告密』也是一種『惡』」（一九〇頁）。經常有人指出，與歐美的霸凌相較，日本旁觀霸凌的人較多。但如果就本書的觀點來看，這可說是理所當然。因為若遵循「個體的倫理」，發現有人做壞事時確實必須告發，但這樣的行為卻與「場的倫理」互相牴觸。

由此可知，事情的善惡沒有那麼單純。若只是一昧地譴責霸凌之惡，只是單純地將其捨棄，無法讓孩子活得更輕鬆。若還原成道德論，這麼做反而只會將孩子更加逼入絕境。這樣單純的抑惡揚善，實在很難說是成熟大人的處理方式。如同本篇文章開頭所說的，在現今的學校中，同學的評價才具有絕對的價值，所以孩子即使知道霸凌是不好的，還是必須以「場的倫理」為優先，我們不應該把自己的價值觀強加到孩子身上，首先應該試著與孩子站在同一個水平線上對話。

把活著當成「自己的事」

本書並沒有武斷地說日式做法不好，西式做法才是好的。大人必須嚴禁不反省自己，卻單方面譴責孩子的態度。因為「對我們來說，現在最重要的應該是清楚認知，並沒有應該遵循的範本。即便範本明確存在時，在某種程度上應該可說是一種『做法指引（how to）』。而現在，『變成大人』這件事之所以會如此難以說明，難以用做法指引的方式描述，終究也是因為沒有真正的範本。從前的日本做法行不通，西式做法也同樣不行。……關於這點應該可以這麼說，所謂的大人，就是要了解人生根本沒有範本，必須摸索出一種生活方式，並對此負起責任」（二三三頁）。

當我們回頭看近年來青少年的隨機殺人事件，譬如秋葉原連續砍人事件等，再看本書指出的「新聞炒得沸沸揚揚的流血事件，多半可以理解成以失敗告終的成年禮儀式」（二一〇頁），就能領會到原來是這麼一回事。然而，長不大的人似乎不只是他們。當我們反省現今邁向多元流動的社會中反過來追求單一價值、企圖透過恢復緊密封閉的繫絆，來確保安定基礎的風潮時，不得不懷疑，或許我們自己至今也沒有完成成年禮的儀式。

這麼一想，會再次發現本書討論的範圍出乎意料之大，不只侷限在兒童的教育問題。如果「接納所發生的事情，而不是單純地責怪別人，才可說是成為大人的條件」（一二三頁），那麼這段話對於現今還會說出仇恨言論的排他主義者來說，依然能夠成為忠告吧！構成現實社會的是我們每一個人。若真是如此，或許現在的日本其實至今還無法稱得上是成熟的社會。不，不能用「現在的日本」這種聽起來事不關己般的稱呼。我想，我們自己本身必須把這句話當成「自己的事」來承受，並牢記在心中。

最後我想再說一件事。本書沒有提到任何一本奇幻作品。但我認為在「河合隼雄・孩子與幻想」系列套書中加入本書，真的是編輯的卓見。因為不強迫讀者接受特定的世界觀、不輕易指出善惡的標準，正可說是奇幻故事的魅力。

〔附錄〕
延伸閱讀

- 《跟孩子更親近：親子關係的淬煉與成長》（2016），丘彥南，心靈工坊。
- 《繭居青春：從拒學到社會退縮的探討與治療》（2016），齋藤環，心靈工坊。
- 《成年禮：給不再是孩子，卻還不是大人的你》（2016），冒牌生，時報出版。
- 《青春叛逆期，是孩子一生最重要的轉折點》（2016），張華芳，大智文化。
- 《阿德勒的青少年教養課：引導孩子創造自信負責的未來（二版）》（2016），狄克梅爾（Don Dinkmeyer）、麥凱(Gary D. McKay），遠流。
- 《青少年魔法書：10位專家的親子教養祕笈》（2015），王浩威總策劃，心靈工坊。

- 《搶救繭居族：家族治療實務指南》（2015），田村毅（Tamura Takeshi），心靈工坊。
- 《靈魂密碼：活出個人天賦，實現生命藍圖》（2015），詹姆斯·希爾曼（James Hillman），心靈工坊。
- 《心教：點燃每個孩子的學習渴望》（2015），李崇建，寶瓶文化。
- 《給未來的日記》（2015），潔西·柯比（Jessi Kirby），天下雜誌。
- 《叛逆：美國輔導專家給父母的青春期教育課》（2015），馬克·葛瑞史東（Mark Gregston），華文精典。
- 《爸媽，請聽我說！青少年告訴父母的真心話》（2014）梅根·拉芙葛洛夫（Megan Lovegrove）、露易絲·貝德維爾（Louise Bedwell），遠流。
- 《回憶中的瑪妮》（2014），瓊·G·羅賓森（Joan G. Robinson），台灣東販。
- 《近代日本的百年情結：日本人論》（2014），南博，立緒。

- 《晚熟世代：王浩威醫師的家庭門診》（2013），王浩威，心靈工坊。
- 《預見家的幸福》（2012），黃心怡，張老師文化。
- 《我不是不想上學：拒學孩子的內心世界》（2012），吳佑佑，張老師文化。
- 《10－14歲青少年，你在想什麼？》（2012），芮貝佳・伯格斯（Rebecca Bergese）、瑪格・瓦戴爾（Margot Waddell），心靈工坊。
- 《我的青春，施工中：王浩威醫師的青春門診》（2012），王浩威，心靈工坊。
- 《好父母是後天學來的：王浩威醫師的親子門診》（2012），王浩威，心靈工坊。
- 《教養，無所不在》（2011），李偉文，遠流。
- 《是我叛逆？還是你古板！》（2011），黃心怡，正中書局。
- 《我不壞，我只想要愛》（2010），高雄市學生心理諮商中心，心靈工坊。
- 《給媽媽的貼心書：孩子、家庭和外面的世界》（2009），唐諾・溫尼考特（Donald Winnicott），心靈工坊。

心靈工坊 PsyGarden
GrowUp 014

轉大人的辛苦：陪伴孩子走過成長的試煉

大人になることのむずかしさ

河合隼雄—著　河合俊雄—編　林詠純—譯

出版者—心靈工坊文化事業股份有限公司
發行人—王浩威　總編輯—徐嘉俊
執行編輯—黃福惠、趙士尊 特約編輯—黃怡
封面設計—羅文岑　內頁排版—李宜芝
通訊地址—10684台北市大安區信義路四段53巷8號2樓
郵政劃撥—19546215　戶名—心靈工坊文化事業股份有限公司
電話—02）2702-9186　傳真—02）2702-9286
Email—service@psygarden.com.tw　網址—www.psygarden.com.tw

製版・印刷—彩峰造藝印像股份有限公司
總經銷—大和書報圖書股份有限公司
電話—02）8990-2588　傳真—02）2290-1658
通訊地址—248新北市新莊區五工五路二號
ISBN—978-986-357-067-7　定價—330元
初版一刷—2016年7月　初版六刷—2023年11月

OTONA NI NARUKOTO NO MUZUKASHISA（大人になることのむずかしさ）
by Hayao Kawai
edited by Toshio Kawai

First published 2014 by Iwanami Shoten, Publishers, Tokyo.

This complex Chinese edition published 2016
by PsyGarden Publishing Co., Taipei
by arrangement with the proprietor c/o Iwanami Shoten, Publishers, Tokyo

---

國家圖書館出版品預行編目資料

轉大人的辛苦：陪伴孩子走過成長的試煉 / 河合隼雄著；林詠純譯. -- 初版. -- 臺北市：心靈工坊文化, 2016.07
面；　公分. -- (河合隼雄,孩子與幻想系列)

譯自：大人になることのむずかしさ

ISBN 978-986-357-067-7(平裝)

1.青少年教育　2.青少年心理　3.青春期

528.47　105012455

心靈工坊 PsyGarden 書香家族 讀友卡

感謝您購買心靈工坊的叢書，為了加強對您的服務，請您詳填本卡，
直接投入郵筒（免貼郵票）或傳眞，我們會珍視您的意見，
並提供您最新的活動訊息，共同以書會友，追求身心靈的創意與成長。

書系編號－GrowUp014　書名－轉大人的辛苦：陪伴孩子走過成長的試煉

姓名　是否已加入書香家族？ □是 □現在加入

電話（公司）　（住家）　手機

E-mail　生日　年　月　日

地址 □□□

服務機構／就讀學校　職稱

您的性別－□1.女 □2.男 □3.其他

婚姻狀況－□1.未婚 □2.已婚 □3.離婚 □4.不婚 □5.同志 □6.喪偶 □7.分居

請問您如何得知這本書？

□1.書店 □2.報章雜誌 □3.廣播電視 □4.親友推介 □5.心靈工坊書訊
□6.廣告DM □7.心靈工坊網站 □8.其他網路媒體 □9.其他

您購買本書的方式？

□1.書店 □2.劃撥郵購 □3.團體訂購 □4.網路訂購 □5.其他

您對本書的意見？

封面設計	□ 1.須再改進	□ 2.尚可	□ 3.滿意	□ 4.非常滿意
版面編排	□ 1.須再改進	□ 2.尚可	□ 3.滿意	□ 4.非常滿意
內容	□ 1.須再改進	□ 2.尚可	□ 3.滿意	□ 4.非常滿意
文筆／翻譯	□ 1.須再改進	□ 2.尚可	□ 3.滿意	□ 4.非常滿意
價格	□ 1.須再改進	□ 2.尚可	□ 3.滿意	□ 4.非常滿意

您對我們有何建議？

□ 本人＿＿＿＿＿＿（請簽名）同意提供真實姓名/E-mail/地址/電話/年齡/等資料，以作為心靈工坊聯絡/寄貨/加入會員/行銷/會員折扣/等用途，詳細內容請參閱：http://shop.psygarden.com.tw/member_register.asp。

廣　告　回　信
台北郵局登記證
台北廣字第1143號
免　貼　郵　票

心靈工坊
PsyGarden

台北市106 信義路四段53巷8號2樓

讀者服務組　收

免　貼　郵　票

（對折線）

加入心靈工坊書香家族會員
共享知識的盛宴，成長的喜悅

請寄回這張回函卡（免貼郵票），
您就成爲心靈工坊的書香家族會員，您將可以——

⊙隨時收到新書出版和活動訊息

⊙獲得各項回饋和優惠方案